Por uma Igreja
"em saída"

Dados Internacionais de Catalogação na Publicação (CIP)
(Câmara Brasileira do Livro, SP, Brasil)

Augustin, George
  Por uma Igreja "em saída" : impulsos da Exortação Apostólica Evangelii Gaudium / George Augustin ; tradução de António Maia da Rocha. – Petrópolis, RJ : Vozes, 2018.

  Título original : *Aufbruch in der Kirche mit Papst Franziskus. Ermutigungen aus dem Apostolischen Schreiben : Die Freude des Evangeliums.*
  Bibliografia.
  ISBN 978-85-326-5952-1

  1. Cristianismo 2. Fé 3. Igreja Católica – Doutrina 4. Igreja Católica – Reforma 5. Missão da Igreja 6. Palavra de Deus. I. Título.

18-19728   CDD-264.02001

Índices para catálogo sistemático:
1. Igreja Católica : Reforma : Cristianismo 264.02001

Maria Alice Ferreira – Bibliotecária – CRB-8/7964

George Augustin

Por uma Igreja "em saída"

Impulsos da Exortação
Apostólica *Evangelii Gaudium*

Tradução de António Maia da Rocha

Petrópolis

© 2015, Kardinal Walter Kasper Institut

Título do original em alemão: *Aufbruch in der Kirche mit Papst Franziskus.*
Ermutigungen aus dem Apostolischen Schreiben <Die Freude des Evangeliums>

© Tradução: Paulinas Editora

Direitos de publicação em língua portuguesa – Brasil:
2018, Editora Vozes Ltda.
Rua Frei Luís, 100
25689-900 Petrópolis, RJ
www.vozes.com.br
Brasil

Todos os direitos reservados. Nenhuma parte desta obra poderá ser reproduzida ou transmitida por qualquer forma e/ou quaisquer meios (eletrônico ou mecânico, incluindo fotocópia e gravação) ou arquivada em qualquer sistema ou banco de dados sem permissão escrita da editora.

CONSELHO EDITORIAL

Diretor
Gilberto Gonçalves Garcia

Editores
Aline dos Santos Carneiro
Edrian Josué Pasini
Marilac Loraine Oleniki
Welder Lancieri Marchini

Conselheiros
Francisco Morás
Ludovico Garmus
Teobaldo Heidemann
Volney J. Berkenbrock

Secretário executivo
João Batista Kreuch

Editoração: Flávia Peixoto
Diagramação: Sheilandre Desenv. Gráfico
Revisão gráfica: Nilton Braz da Rocha / Nivaldo S. Menezes
Capa: Ygor Moretti
Ilustração de capa: ©Renata Sedmakova | Shutterstock

ISBN 978-85-326-5952-1 (Brasil)

Editado conforme o novo acordo ortográfico.

Este livro foi composto e impresso pela Editora Vozes Ltda.

Sumário

1 A alegria do Evangelho – Um convite, 7
2 Sermos missionários da alegria, 15
3 Anunciar o Evangelho num contexto secular, 39
4 Dar testemunho de Jesus Cristo, 59
5 Entender a Igreja de Cristo, 73
6 Viver hoje a Igreja de Cristo, 105
7 "Sou uma missão nesta terra" – Doze passos de uma espiritualidade missionária hoje, 137
Epílogo, 157
Abreviaturas, 159
Referências, 161
Índice das citações bíblicas, 165
Sobre este livro, 169
Publicações do autor, 171
Índice geral, 173

1
A alegria do Evangelho

Um convite

Com os seus gestos e palavras o Papa Francisco suscita em toda a Igreja a sensação de que nos preparamos para partir, para sair novamente. Quer pôr-nos em movimento: a vida cristã é um caminho e uma caminhada que temos de percorrer sem nos estabelecermos sedentariamente, já no presente e à luz do Senhor.

"Agora começamos esta caminhada." Com estas palavras simples, pronunciadas na primeira bênção apostólica que deu depois de ter sido eleito bispo de Roma, o Papa Francisco convidou a Igreja a percorrer com ele um caminho de fraternidade, de amor e de confiança mútuos. O seu desejo é iniciar uma nova etapa do caminho missionário da Igreja, tal como esboçou já em sua primeira homilia como papa, na celebração eucarística com os cardeais, na Capela Sistina: "Caminhar, edificar, confessar".

Esses três passos levam a entrar num movimento que tem como meta construir a Igreja, mediante a confissão de fé em Jesus, o Cristo, o Filho de Deus vivo. A confissão dessa fé é o distintivo cristão, aquilo que nos transforma no que somos – Igreja de Jesus Cristo – e nos diferencia de todas as instituições de beneficência e organizações não governamentais. Edificar a Igreja mediante a confissão de fé em Jesus é o convite a sermos discípulos missionários do Senhor e a compartilhar corajosamente a sua caminhada, indo atrás dele e de sua cruz, no seguimento de sua pessoa.

Em sua primeira exortação apostólica, a EG, sobre o anúncio do Evangelho no mundo atual[1], o Papa Francisco esclarece o que já se vislumbrou em traços largos no primeiro dia de seu pontificado. Trata-se de um manual para nadar contra a corrente. Com toda a coragem o Papa Francisco põe o dedo na chaga. Expõe a verdade sem maquiagem e indica onde o sapato aperta realmente e o que trava a Igreja em sua saída. Mas também mostra caminhos para se levar a cabo com êxito uma verdadeira renovação da comunidade eclesial.

"A alegria do Evangelho" (*Evangelii Gaudium*) é o escrito programático do pontificado do Papa Francisco, a sua mensagem para uma reorientação pastoral e missionária da Igreja. Esta, como povo de Deus, deve perceber que a ação missionária "é o paradigma de toda a obra da Igreja" (EG, 15). O papa não quer que as reflexões de sua exortação apostólica corram o mesmo destino de numerosos documentos eclesiásticos e se percam no esquecimento pouco tempo depois de sua promulgação; mas deseja que continuem a ter repercussão e se tornem linhas ou pautas capazes de "estimular e orientar, em toda a Igreja, uma nova etapa evangelizadora, cheia de fervor e dinamismo" (EG, 17).

O documento do papa é rico de impulsos espirituais que chegam ao coração; trata-se de um filão de sugestões intelectuais

---

[1] Promulgada no dia 24 de novembro de 2013, Festa de Cristo Rei, como encerramento do Ano da Fé convocado pelo Papa Bento XVI. Nessa exortação apostólica, o Papa Francisco faz suas as reflexões do Sínodo dos Bispos de 2012. Do ponto de vista teológico, a EG pode se situar na linha da LG e da GS do Concílio Vaticano II e também da EN do Papa Paulo VI (1975). A LF, que o Papa Francisco assumiu "na fraternidade em Cristo" do seu predecessor Bento XVI, ampliando-a com os seus contributos, oferece um prelúdio teológico para a EG.

e espirituais para uma mudança fundamental de perspectiva e um alargamento do horizonte. Gostaria de não somente retomar alguns desses impulsos e mergulhar neles, mas também mostrar alguns campos de tarefas para aqueles que de nós precisam urgentemente de orientação e da energia da saída.

Relativamente ao conteúdo, este escrito pontifício trata da reconfiguração missionária da Igreja mediante o redescobrimento da eterna novidade e alegria do Evangelho. Isso só será possível se conseguirmos realizar – especialmente nós, que estamos comprometidos na Igreja – um discernimento de espíritos com a ajuda do Evangelho. Há uma crise concreta do compromisso comunitário que devemos superar por meio de uma renovação espiritual da fé, a fim de que toda a comunidade se torne capaz de anunciar, transbordante de energia, o Evangelho, com palavras e atos.

Essa meta, para onde o escrito do pontífice nos guia, é uma motivação inspiradora para um novo impulso missionário. Em sua exortação apostólica o Papa Francisco apresenta com grande força de convicção o propósito e a beleza do Evangelho e fala da necessidade urgente da missão nas circunstâncias atuais. Está convencido de que o programa da nova evangelização só avançará se houver uma mudança de coração, mediante discernimento pessoal, nos responsáveis eclesiais. Mas se os anunciadores do Evangelho e os representantes eclesiais viverem a sua fé, o programa que se propõe neste documento pontifício pode ser posto em prática.

Quem confiar na atração inerente ao Evangelho voltará a ser capaz de subordinar todas as questões organizacionais e estruturais, que se põem na Igreja, ao objetivo decisivo da evangelização, a fim de anunciarmos, com uma convicção interior e uma esperançosa alegria, Jesus Cristo como redentor e salvador do mundo.

A recepção e realização do sonho missionário de que o papa nos fala na EG requer que reflitamos sobre o centro do Evangelho; isto é, que nos interroguemos acerca de Deus, acerca da salvação em Jesus Cristo e da relevância da Igreja para a vida cristã. Alinhado com esses temas centrais da fé, este livro se esforça em dar fecundidade às reflexões do papa para a saída missionária da Igreja. O objetivo consiste em que o encontro com o amor de Deus em Jesus Cristo, que redime e dá vida, nos incentive a renovar e a revitalizar o espírito missionário do seguimento. O caminho para essa meta nos leva, em primeiro lugar e antes de tudo, a suscitar em nós próprios e nos outros a ânsia de Deus e da beleza, como também a energia vivificadora do Evangelho. "Se quiseres construir um barco, não reúnas homens para conseguir madeira, distribuir tarefas e repartir trabalho; mas, sim, desperta neles o anseio do mar, vasto e infindo" (Antoine de Saint-Exupéry).

Revitalizar a fé significa abrir os olhos para toda a sua riqueza e desenvolver a disposição não só para reconhecer a profundidade e a amplitude da fé católica, mas também para nos enraizarmos nela. O papa não procura uma "reinvenção da fé", mas uma mudança de mentalidade na Igreja. Fala a partir da plenitude católica para fazer com que essa plenitude se torne viva em nós. O que ele quer é conversão e renovação do coração mediante o redescobrimento da vitalidade da fé cristã.

O Papa Francisco convida cada cristão e toda a Igreja a se encontrarem pessoalmente com Jesus Cristo, a renovarem o amor a Ele e, assim, a redescobrirem a alegria do Evangelho. Solicita a nossa colaboração. Só poderemos avaliar o alcance de sua exortação apostólica se estivermos dispostos a admitir que a necessidade da evangelização não existe unicamente em outros lugares, muito longe de nós, mas que também afeta todas as Igrejas particulares, e em todos os países.

O papa aborda, aberta e sinceramente, a crise do compromisso comunitário que rouba o dinamismo desse processo e o torna vazio e inútil. Não há dúvida de que a Igreja vive e anuncia a sua fé em circunstâncias e contextos culturais diferentes. As diferenças e o pluralismo do mundo globalizado nos desafiam a analisá-lo com esmero e sensibilidade, reconhecendo os sinais dos tempos e discerni-los na força do Espírito Santo.

Bergoglio nos anima a descobrir, mediante o encontro com o Evangelho de Jesus Cristo, o caminho para uma mudança de mentalidade, uma mudança de coração, uma mudança de estilo. Para podermos penetrar no essencial é preciso – a cada um de nós, à Igreja e a todos os católicos – refletir novamente sobre a mensagem central do Evangelho: amarmos a Deus e seguirmos Jesus Cristo, entregarmo-nos completamente ao serviço do próximo, levar especialmente aos pobres e aos necessitados o Evangelho com palavras e com atos.

Para possibilitar uma evangelização viva é fundamental aprofundar o anúncio à luz da Palavra de Deus. A partir desse centro o Papa Francisco fundamenta com ênfase a dimensão social da evangelização. Com isso dá testemunho de que o amor é o triunfo da verdade: o amor conduz à verdade da vida. O testemunho do papa brota de um coração crente e da plenitude da fé católica. Aqui se formula uma pergunta decisiva: O que podemos fazer para que a mensagem de Jesus Cristo não perca o seu frescor e nós transmitamos o "odor a Evangelho"? (EG, 39). O pontífice anima todos os cristãos a plasmarem incessantemente a dimensão social do anúncio do Evangelho nas suas palavras, atitudes e ações (cf. EG, 258). Diante do testemunho do Evangelho, a dimensão do amor vivido ao próximo tem uma importância primordial. O Evangelho deve ser anunciado na situação concreta do mundo como resposta às interrogações e às necessidades das pessoas. O papa nos chama a uma vigorosa revolução do amor, fundada e enraizada na lógica de Cristo: "O Filho de Deus, em sua encarnação, nos convidou à revolução da ternura" (EG, 88)[2].

---

2 Cf. KASPER, W. *Papst Franziskus: Revolution der Zärtlichkeit und der Liebe* – Theologische Wurzeln und pastorale Perspektiven. Estugarda, 2015 [trad. port.: *Papa Francisco*: a revolução da misericórdia e do amor. Prior Velho: Paulinas, 2015].

A participação nessa revolução do amor constitui a nossa tarefa missionária atual.

Em sentido muito prático, isso tem a ver com o compromisso em favor da misericórdia e da justiça. Nesse contexto, os debates intraeclesiais aparecem em uma perspectiva existencial e realista. A pergunta decisiva para todos nós é esta: Nas condições da Pós-modernidade, de que maneira podemos revitalizar a fé cristã e propô-la como resposta às interrogações existenciais dos seres humanos? Ora, segundo o papa, a pior discriminação que os pobres sofrem é a falta de atenção espiritual (cf. EG, 200).

De pouco nos vale lamentar e criticar o mundo exterior, o progressivo afastamento das pessoas em relação à Igreja ou da incessante descristianização. Em primeiro lugar, temos de olhar para dentro, para a situação intraeclesial. O empurrão para uma evangelização viva deve começar, antes de tudo, pela própria Igreja. Não pode ficar num plano abstrato e geral, mas deve se concretizar na vida de cada cristão, especialmente na vida dos que trabalham na Igreja, que dão rosto à Igreja institucional e a configuram. Se nós próprios formos evangelizados, nos tornaremos capazes de testemunhar Jesus Cristo e suscitar nas pessoas entusiasmo pelo Evangelho, ganhando-as para Ele. O caminho da evangelização faz-se de dentro para fora.

Por isso, o Papa Francisco nos convida a perceber com realismo a situação intraeclesial; apela ao juízo do indivíduo quando fala de peremptoriedade da conversão e da mudança de conduta de quem trabalha ativamente na Igreja, em todos os níveis: a saída missionária da Igreja só é possível se cada cristão cultivar um estilo de vida evangélico e uma conduta misericordiosa. Delegar para outros a conversão e a mudança de conduta e espiritualizar a obstinação nos seus comportamentos com o objetivo de justificá--los é algo que o papa qualifica de "mundanidade espiritual". Se não se quiser que a saída, a renovação e a reforma eclesiais sejam sufocadas no seu gérmen e fiquem no plano da homilia dominical, urge ter a disposição pessoal de superar, de forma corajosa (*mutig*) e humilde (*demütig*), essa "mundanidade espiritual" a partir da força da fé e por convicção pessoal.

Essa exortação apostólica oferece abundantes impulsos espirituais. Todos podemos examinar, à luz desse documento doutrinal, a nossa espiritualidade cristã e a nossa conduta humana. Isso vale especialmente para os anunciadores do Evangelho. O Papa Francisco motiva todos os agentes de pastoral a partirem da situação dos pobres para que, do ponto de vista destes, tornarem-se misericordiosos, sensíveis e anunciarem, enquanto pastores afetuosos, o Evangelho com palavras e atos (cf. EG, 200).

É claro que a EG é para todo cristão um espelho, visando à autocrítica e ao reconhecimento das próprias culpas. Mas, embora interpele todos os cristãos de igual modo, esse documento contém uma interpelação especial aos responsáveis pela instituição eclesial, uma responsabilidade à qual não podemos nos subtrair. Aqueles de nós que, em sentido tanto estrito como lato, dão rosto às estruturas eclesiais, e, por conseguinte, dão forma à instituição eclesial no mundo, devem deixar-se afetar, comover e agarrar interiormente pelos impulsos fascinadores desse documento. É um memorial para os "quadros diretivos da Igreja": para os bispos, para os presbíteros e diáconos, para as pessoas consagradas e para todos os fiéis cristãos, já que também eles são inequivocamente mencionados, precisamente nesta ordem, no título do documento. Todos os que têm a ver com a organização e a configuração da instituição eclesial deveriam tomar a EG como leitura espiritual. Ninguém pode dizer que esse documento se dirige somente aos demais.

A pergunta decisiva que devemos fazer a nós mesmos é: O que diz o Espírito de Deus, através do Papa Francisco, à Igreja, a cada um de nós, nas situações vitais de cada um como cristão, como pessoa ativamente comprometida na Igreja, como responsável pela instituição eclesial? Os ensinamentos do papa poderão ser para nós um novo aviso da voz profética do Profeta Isaías: "Vou realizar algo novo que já está aparecendo, não o notais?" (Is 43,19). Não vos dais conta do que impede a nossa Igreja de voltar a sair? Não vos apercebeis de que tipo de nova saída precisamos realmente na Igreja?

Com este livro eu gostaria de poder contribuir para que a mensagem do papa ganhasse raízes e desse fruto, para que o seu propósito de "pôr a Igreja em estado de missão permanente" adquirisse novo impulso. Se ao menos uma parte desse documento fosse levada a sério, realizada na vida de cada um de nós e praticada em nosso âmbito de responsabilidade, viveríamos a Igreja filantrópica com que todos sonhamos, capaz de irradiar alegria e esperança, tornando-se atrativa. Que o Espírito Santo nos convença interiormente e nos conceda a inspiração e a energia necessárias para uma nova saída.

2
Sermos missionários da alegria

2.1 O Evangelho de Jesus Cristo

"Jesus foi para a Galileia e proclamava o Evangelho de Deus, dizendo: 'Completou-se o tempo, e o Reino de Deus está próximo: arrependei-vos e acreditai no Evangelho'" (Mc 1,15). "Evangelho" é o termo-chave de toda a proclamação de Jesus. Para Ele, o que conta é o Evangelho de Deus, isto é, a Boa-nova da salvação. Na mensagem de Jesus, "salvação" designa um dom de Deus que tem como meta o bem-estar integral de todos os homens de todos os tempos. Nesse sentido, Jesus caracteriza assim a sua missão: "O Espírito do Senhor [...] ungiu-me para anunciar a boa notícia aos pobres; enviou-me a proclamar a libertação aos cativos e, aos cegos, a recuperação da vista; a pôr em liberdade os oprimidos" (Lc 4,18).

A salvação que Jesus anuncia é algo muito concreto e, ao mesmo tempo, muito abrangente: a sua mensagem é Boa-nova, não uma ameaça: uma mensagem de salvação, porque supera todas as potências de perdição; uma mensagem encorajadora, porque retira do medo do mundo o seu poder; uma mensagem curadora, porque é mais forte do que tudo o que há de patogênico no mundo; uma mensagem redentora e libertadora, pois quebra as cadeias do pecado e da culpa.

O Evangelho é a Boa-nova do Reino de Deus. Tudo o que Jesus, mediante a sua pregação, as suas ações simbólicas, a sua vida inteira dedicada à salvação das pessoas quer dizer sobre a essência e a ação de Deus encontra a sua quintessência no "Reino de Deus". Esta expressão designa o âmbito do poder de Deus, a esfera em que vigoram os critérios de Deus.

Jesus proclama a sua mensagem do Reino de Deus no quadro de uma tensão entre o presente e o futuro do Reino. Este está "a caminho": presente já agora e, contudo, ainda não consumado. Na pessoa de Jesus e em todo o seu agir já começou o reino escatológico de Deus, que se encaminha para a sua consumação no futuro.

Jesus acentua, uma e outra vez, que o Reino de Deus já chegou (cf. Mt 4,17) e que pode ser visto nele: "Se Eu expulso os demônios pela mão de Deus, então o Reino de Deus já chegou até vós" (Lc 11,20). À pergunta concreta de quando chegará o Reino de Deus, Ele responde: "O Reino de Deus está entre vós" (Lc 17,21).

Em sua mensagem sobre o Reino de Deus interessa fundamentalmente a Jesus a reta compreensão de Deus e a reta conduta em conformidade com a vontade divina que dela deriva. Jesus fascina as pessoas com a novidade e a autoridade interior do seu ensino: "Perguntavam uns aos outros: 'Que é isto? Eis um novo ensinamento, e feito com tal autoridade que até manda nos espíritos malignos e eles obedecem-lhe!'" (Mc 1,27). Jesus nos convida a nos familiarizarmos com esta mensagem para que, assim, nos encontremos com Ele.

Jesus caracteriza o Reino de Deus como um dom divino sem nenhum mérito de nossa parte. "Aprouve ao vosso Pai dar-vos o Reino" (Lc 12,32). A iniciativa e a realização da salvação é obra exclusiva de Deus. Para acedermos a esse reino precisamos de uma abertura confiante, como a de uma criança: "Quem não receber o Reino de Deus como um pequenino não entrará nele" (Mc 10,15).

Quando prega o Reino de Deus, Jesus coloca no seu centro a mensagem sobre o amor do Pai. A paternidade de Deus é um amor abrangente e abrangedor que vai incondicionalmente à busca de quem se perde, como na Parábola da Ovelha Desgarrada (cf. Lc 15,3-7). Jesus convida a nos entregarmos a esse amor paternal e a confiar em sua solicitude.

Como todo amor verdadeiro, o amor paternal de Deus também faz exigências aos seres humanos: "Nem todo o que me diz 'Senhor, Senhor' entrará no Reino do Céu, mas sim aquele que faz a vontade de meu Pai que está no céu" (Mt 7,21). A vontade do Pai é a lei fundamental do Reino de Deus: o duplo mandamento do amor a Deus e ao próximo. Há um vínculo indissolúvel entre esses "dois amores". Quem ama de verdade a Deus amará necessariamente os seus semelhantes. Quem ama de verdade os seus semelhantes também ama a Deus. Seguir Jesus Cristo significa agir como Jesus segundo o modelo do amor do Pai; ou seja, significa praticar a misericórdia e amar até aos inimigos.

Daí que a participação no Reino de Deus exige dos seres humanos uma decisão radical: renunciar a tudo o que está para trás para entrar no Reino. As parábolas do Tesouro no Campo e da Pérola Preciosa ilustram essa atitude e a alegria que dela brota (cf. Mt 13,44-46).

Jesus vincula à sua mensagem o chamamento ao discipulado, a exortação a segui-lo, a estabelecer com Ele uma comunidade de vida; uma comunidade de missão e de destino. Seguir Jesus implica partilhar com Ele a sua caminhada, podendo experienciar o que o Evangelho do Reino de Deus realiza. Na pessoa de Jesus os discípulos podem ouvir e ver o que muitos profetas e justos tanto ansiaram (cf. Mt 13,16-17). Orígenes plasmou essa identidade de

Jesus com a sua mensagem de maneira clássica: o próprio Jesus é o Reino de Deus em pessoa (*autobasileia*).

Com Jesus começa o Reino de Deus e nele encontra a sua consumação. Mediante a sua permanente atuação salvífica como Senhor ressuscitado da história, o Reino de Deus cresce incessantemente no mundo, tal como uma semente, à qual é inerente o crescimento. Jesus é o autor dessa mensagem e também o seu conteúdo e fundamento possibilitador. Esse vínculo íntimo entre mensagem e pessoa está expresso claramente no quarto Evangelho, na sua promessa de vida eterna: "Quem ouve a minha palavra e crê naquele que me enviou tem a vida eterna" (Jo 5,24). O próprio Jesus é a vida eterna: "Eu sou o Caminho, a Verdade e a Vida" (Jo 14,6).

Também hoje, o Reino de Deus pode ser experienciado na pessoa do Senhor ressuscitado, que age no meio de nós, realizando e concedendo a salvação. Desse modo, Cristo ressuscitado não nos revela somente como conteúdo do Evangelho, mas também como seu portador permanente: "Evangelho de Jesus Cristo, da sua morte e ressurreição (*genitivus objectivus*), e Evangelho em que Jesus Cristo, através do Espírito Santo, torna-se presente e se comunica de modo salvificamente eficaz na Igreja e no mundo como o Senhor engrandecido (*genitivus subjectivus*). Assim, no anúncio do Evangelho, Jesus Cristo não é, em última análise, objeto, mas o verdadeiro sujeito. É o ator principal e o autêntico promotor da evangelização. Nela, Ele anuncia e comunica a si próprio"[3].

Partilhando o caminho com o Senhor ressuscitado os discípulos vivem a experiência da alegria do Reino de Deus.

---

3 KASPER, W. *Das Evangelium Jesu Christi*. Friburgo, 2009, p. 257 [trad. esp.: *El Evangelio de Jesucristo*. Santander: Sal Terrae, 2013].

2.2 Regozijar-se no Evangelho

Regozijar-se no Evangelho é a condição fundamental para um ressurgimento missionário. Como chegamos a essa experiência da alegria? Isso ocorre porque o nosso coração anseia por alegria, e esta é a fonte de energia para os nossos compromissos.

O regozijo no Evangelho só nos pode ser concedido através do encontro com Jesus Cristo, porque Ele é o Evangelho, a Boa-nova em pessoa. Nele, o Deus onipotente se fez homem por nós, e por Ele e nele temos acesso à vida divina. Em Jesus pode-se experimentar a presença de Deus, que é libertadora, regozijadora e curadora. Jesus Cristo concede a todas as pessoas a possibilidade de começar de novo depois de fracassar devido à própria culpa. Ele é a vida em plenitude. Por Ele e nele, todo o ser humano é chamado a estabelecer relação com Deus, a fim de viver em amizade com Ele.

A certeza inquebrantável do amor que Deus sente por nós, individualmente, é o fundamento da alegria cristã. Quando perdemos essa certeza da incondicionalidade do amor sucumbimos ao perigo de não sentirmos nenhum entusiasmo por fazer o bem. Desse modo, transformamo-nos em pessoas irritadiças, insatisfeitas e insensíveis. Padecemos de um vazio interior e de uma tristeza que nos roubam a energia para vivermos uma vida em consonância com a vontade divina (cf. EG, 2).

A Sagrada Escritura conhece essa experiência humana. Por isso nos exorta incessantemente: "Alegrai-vos sempre no Senhor! De novo: alegrai-vos!" (Fl 4,4). Essa alegria no Senhor é um dom; mas aceitá-lo e experienciá-lo na vida é uma tarefa de todos os dias. O seu fundamento é o próprio Cristo; no encontro e na vinculação a Ele mantém-se a alegria.

A exortação à alegria já aparece no início do Evangelho, no anúncio do nascimento de Jesus: "Alegra-te!" Esta é a saudação do anjo a Maria, um convite à alegria (cf. Lc 1,28). Nos discursos de despedida Jesus indica o sentido e a finalidade de sua mensagem e de sua vida: "Manifestei-vos estas coisas para que esteja em vós a minha alegria, e a vossa alegria seja completa" (Jo 15,11). A vocação cristã consiste em descobrir sempre de novo o gosto no encontro com o Senhor ressuscitado que atua no presente, porque ninguém está excluído do júbilo que o Ressuscitado nos oferece. O seu amor é inquebrantável e infinito, e ser cristão é ser na alegria, é ser em Cristo. Os discípulos trasbordavam alegria e estavam cheios do Espírito Santo (cf. At 13,52).

O fundamento da alegria cristã é a certeza da presença de Deus no meio de nós. Se posso alegrar-me é porque Deus se regozija em mim. "O Senhor, teu Deus, é dentro de ti um soldado vitorioso que goza e se alegra contigo; renovando o seu amor, enche-se de júbilo por ti" (Sf 3,17).

Jesus Cristo entrou na história para suscitar na humanidade esperança na salvação. Como Senhor ressuscitado, Cristo está no meio de nós. Assim, a vida cristã consiste na certeza de que não estamos sós. Isso nos enche de profunda alegria; uma alegria real que pode ser vivida e que não podemos perder. Quando reconhecemos e confessamos que Jesus tem palavras de vida eterna, Ele nos livra da tristeza, do vazio interior e do isolamento, concedendo-nos a certeza interior de que estamos vivendo nele a vida em plenitude. Só Deus pode ser a meta da alegria imperecível a que aspira o coração humano.

O nosso regozijo cristão brota do manancial transbordante do coração de Jesus, que é a fonte da alegria. Jesus "promete aos discípulos: 'Haveis de estar tristes, mas a vossa tristeza há de converter-se em alegria' (Jo 16,20). E insiste: 'Eu hei de ver-vos de novo! Então, o vosso coração há de se alegrar e ninguém vos poderá tirar a alegria' (Jo 16,22). Depois eles, ao vê-lo ressuscitado, 'encheram-se de alegria' (Jo 20,20). O Livro dos Atos dos Apóstolos conta que na primeira comunidade 'tomavam o alimento com alegria' (2,46). Por onde os discípulos passavam havia 'uma grande alegria' (8,8), e eles, no meio da perseguição, 'estavam cheios de alegria' (13,52). Um eunuco, logo que foi batizado, 'seguiu o seu caminho cheio de alegria' (8,39) e o carcereiro [de Paulo e Silas] 'entregou-se, com a família, à alegria de ter acreditado em Deus' (16,34). Por que não entrarmos também nós nesse rio de alegria?" (EG, 5).

Aqui precisamos de uma mudança de perspectiva, pois não podemos receber a verdadeira alegria se lhe pusermos condições. Dizemos muitas vezes a nós próprios: é preciso que haja estas ou aquelas condições para que isso seja possível. Mas a alegria cristã é um dom divino; nasce do encontro com o amor de Deus, e nós não podemos impor nenhuma condição ao amor divino. Podemos viver esse amor de várias maneiras, dependendo de nossa vocação e situação. A alegria que suscita não pode confundir-se com a exaltação eufórica nem com o entusiasmo. Trata-se, antes, de uma firme confiança e esperança que brota da fidelidade que Deus nos demonstra e do realismo da cruz. O essencial é deixar que o amor divino nos envolva, redima e nos sare de todas as atitudes espirituais de isolamento e de toda autorreferencialidade. Então, viveremos a alegria cristã na medida em que crescermos até alcançarmos a plenitude: "Chegamos a ser plenamente humanos quando somos mais do que humanos, quando permitimos a Deus que nos leve para além de nós mesmos, para alcançarmos o nosso ser mais verdadeiro" (EG, 8).

Deus pode nos oferecer incessantemente a sua alegria se lhe pedirmos e permanecermos abertos a ela. A alegria em Deus, que Ele próprio nos oferece no nosso coração, é a força necessária para todos os novos ressurgimentos, para todos os novos começos: "Não entristeçais, porque a alegria do Senhor é a vossa força" (Ne 8,10). Experimenta-o quem, mediante o encontro com o Senhor ressuscitado e presente entre nós, supera o egoísmo e a autorreferencialidade. Esse encontro nos é concedido sobretudo nas palavras da Sagrada Escritura, nos sacramentos e no encontro com pessoas que são pobres nos mais diversos aspectos.

Tudo o que o Evangelho nos comunica sobre Jesus Cristo tem a ver essencialmente com *encontros*: Jesus se encontra com Pedro e André, com João e Tiago, com a samaritana junto do poço de Jacó, com doentes e pecadores; o relato da paixão e as narrações pascais têm essa perspectiva de encontro; no encontro com Jesus, Deus e seu Reino vêm até nós nas palavras e nos atos de Jesus. Quem se encontra com Jesus encontra-se com Deus.

As pessoas que acorrem a Jesus e se abrem a Ele saem desse encontro transformadas. Essa metamorfose pode ser constatada, por exemplo, na conversa de Jesus com o publicano Zaqueu. O encontro com Jesus transforma a sua vida e confere-lhe energia para agir de modo diferente. Zaqueu convida Jesus para ir a sua casa. Ele aceita o convite e, a partir daquele momento, o publicano passa a ser outra pessoa: "Senhor, vou dar metade dos meus bens aos pobres e, se defraudei alguém em qualquer coisa, vou restituir-lhe quatro vezes mais" (Lc 19,8). O encontro com a misericórdia de Deus muda e transforma Zaqueu; tal como aconteceu com ele, o encontro com Jesus transforma incondicionalmente as pessoas, germinando nelas a fé e a esperança. Nos encontros, no acolhimento que fazemos de Jesus em nossa vida, na entrega a Ele ocorre a nossa salvação. O encontro com Jesus é revelação da vida, desvelamento da verdade sobre Deus e sobre os seres humanos.

Portanto, podemos descobrir a alegria do Evangelho se, na fé, nos convertemos em pessoas agradecidas, na medida em que cresce em nós a certeza e que pertencemos a Deus, de que tudo lhe devemos agradecer e de podermos confiar nele sem reservas. A alegria penetra no coração que se abre à adoração e ao louvor de Deus.

É uma convicção cristã de fé: ao seguirmos, como cristãos, Jesus Cristo, experienciamos o verdadeiro dinamismo da autorrealização. Na lógica do ser cristão percebemos a lei básica da realidade: a lógica do grão de trigo: "Se o grão de trigo, lançado à terra, não morrer, fica ele só; mas, se morrer, dá muito fruto" (Jo 12,24). "'Acrescenta-se a vida, dando-a, e debilita-se no isolamento e na comodidade. De fato, quem mais desfruta da vida é quem deixa a segurança da margem e se apaixona na missão de comunicar vida aos outros' (*Documento de Aparecida*, 360). Quando a alegria convoca para a tarefa evangelizadora, nada mais faz do que indicar aos cristãos o verdadeiro dinamismo da realização pessoal: 'Aqui, descobrimos outra lei profunda da realidade: que a vida se alcança e amadurece à medida que a entregamos para dar vida aos outros; o que, em suma, é a missão' (*Documento de Aparecida*, 360). Por conseguinte, um evangelizador não deveria ter permanentemente uma cara de enterro" (EG, 10).

Por isso, uma condição básica para uma saída missionária e um renovado anúncio do Evangelho é, por um lado, a descoberta ou redescoberta pessoal da alegria do Evangelho; por outro lado, o anúncio do Evangelho suscita, em quem se põe em marcha para levá-lo a cabo, uma nova alegria na fé e uma nova fecundidade missionária. E esta é a lógica do discipulado no seguimento de Cristo: quanto mais descobrirmos a alegria do Evangelho tanto mais crescerá a nossa força para o anunciarmos e maior também será o nosso regozijo. A todos quantos se entregarem sem reservas ao incomensurável amor de Deus é-lhes prometida, na Sagrada Escritura, a seguinte experiência: "Mas aqueles que confiam no Senhor renovam as suas forças. Têm asas como a águia, correm sem se cansar, marcham sem desfalecer" (Is 40,31; cf. EG, 11).

Uma Igreja "em saída" precisa de pessoas que deem à fé um rosto alegre e anunciem com alegria a Boa-nova. Se os cristãos, em especial aqueles que pertencem à hierarquia da Igreja, que deveriam ser mensageiros e anunciadores de Boa-nova, transmitem desesperança, descontentamento e – continuando com a imagem do papa – um estado de ânimo próprio de cemitério, e fazem uma cara de quem chupou um limão, como irá se desenvolver neles a força regozijante do Evangelho?

"Sede alegres na esperança, pacientes na tribulação, perseverantes na oração", é o que exorta o Apóstolo Paulo (Rm 12,12). Só cristãos que se alegram com a esperança podem dar, com alegria e satisfação, testemunho de sua fé. E então vivenciam que a alegria, que está viva na vida da comunidade dos discípulos de Jesus, é uma alegria missionária, uma alegria que ninguém pode guardar para si, porque está destinada a toda a humanidade, e não nos compete nem é permitido excluir ninguém dela (cf. EG, 21s.).

2.3 Igreja "em saída"

Francisco nos chama, nós que somos membros da Igreja, a sair; convida-nos a ser missionários da alegria (cf. EG, 20). De que maneira podemos, como discípulos e discípulas missionários de Jesus Cristo, responder a esse chamamento? Para onde temos de sair? O que nos impede essa saída?

Qual é a mensagem especial do papa, "do outro extremo do mundo"? O que significa "a saída" para a Igreja no Ocidente, que parece encontrar-se no ocaso da fé?

Como diz o Papa Francisco, trata-se aqui de uma nova orientação missionária da Igreja; por isso, "'a causa missionária deve ser [...] a primeira de todas as causas' (RM, 86). O que aconteceria se levássemos realmente a sério estas palavras? Simplesmente reconheceríamos que 'a saída' missionária é o paradigma de toda a obra da Igreja" (EG, 15). Essa visão do papa representa precisamente um convite de que se deve introduzir uma mudança de perspectiva e alargar o horizonte, realizar uma recentragem e um reajustamento da e na Igreja; trata-se de ela ser Igreja "em saída".

"Sair" denota pôr-se em marcha por mandato do Senhor, pôr-se à disposição para partir para onde Ele disser: "Abraão aceitou o chamamento para sair para uma terra nova (cf. Gn 12,1-3). Moisés ouviu o chamamento de Deus: 'Vai, Eu te envio' (Ex 3,10), e fez sair o povo em direção à terra da promessa (cf. Ex 3,17). E disse a Jeremias: 'Irás aonde Eu te enviar' (Jr 1,7). Hoje, neste 'ide' de Jesus, estão presentes os cenários e os desafios sempre novos da missão evangelizadora da Igreja, e todos somos chamados a essa nova 'saída' missionária. Cada cristão e cada comunidade discernirá qual é a caminhada que o Senhor lhe pede, mas todos somos convidados a aceitar essa chamada: sair da comodidade e atrever-se a chegar a todas as periferias que precisam da luz do Evangelho" (EG, 20).

Esse chamamento missionário se dirige a todos e a todas. Cada cristão deve entender-se a si próprio como discípulo missionário, tomar a iniciativa e envolver-se. Devemos acompanhar as pessoas, dar fruto e celebrar a fé. O papa designa estes passos com um neologismo espanhol "primerear"*, isto é, tomar a iniciativa, preceder, incorporar-nos no movimento da benevolente iniciativa divina (cf. EG, 24). A saída acontece na medida em que estamos dispostos a pôr-nos verdadeiramente em marcha. Como diz a sabedoria popular (na voz de um famoso poeta espanhol): "Se hace camino al andar" (o caminho faz-se caminhando).

A evangelização progredirá se conseguirmos, antes de tudo, aprofundar espiritualmente a nossa fé e renovar a nossa vida. Sem esse aprofundamento, as múltiplas atividades ficarão meramente na superfície, pois a alegria da transmissão do Evangelho cresce em nós quando redescobrirmos a sua beleza. Porque é bela, essa mensagem pode comover as pessoas e movê-las interiormente. Temos de abrir os olhos – e depois ajudar os outros a fazê-lo – a

---

* Em português corresponderia a ser o primeiro [N.T.].

tão bela e tão desejável Boa-nova. Então, estaremos em condições de discernir entre o que é essencial e o que não é, de nos regozijarmos na fé e oferecê-la a todos os homens, com renovada energia e esperança. Portanto, a renovação pessoal e comunitária da fé é a chave para que na Igreja se concretize a saída. O papa quer pôr a Igreja inteira, em todas as regiões da Terra, em "estado permanente de missão" (cf. EG, 25): "Sonho com uma opção missionária de transformar tudo, para que os costumes, os estilos, os horários, a linguagem e toda a estrutura eclesial se tornem um canal adequado para a evangelização do mundo atual, e não tanto para a autopreservação. A reforma das estruturas, que exige conversão pastoral, só poderá ser entendida nesse sentido: procurar que todas elas se tornem mais missionárias e que a pastoral ordinária em todas as instâncias seja mais expansiva e aberta, que coloque os agentes pastorais numa atitude constante de saída e, desse modo, favoreça a resposta positiva de todos aqueles a quem Jesus convoca para a sua amizade. Como dizia o Papa João Paulo II aos bispos da Oceania: 'Toda a renovação no seio da Igreja deve tender para a missão como objetivo de não se tornar presa de uma espécie de introversão eclesial' (EO, 19)" (EG, 27).

"Saída" significa romper com certa ideia de figura (ou forma; *Gestalt* em alemão) e reforma da Igreja pensada por nós e refletir sobre o essencial da fé católica. Isso nos capacitará a nos libertar dos bloqueios que nos impomos, e descobrirmos, livres de preconceitos, a força redentora do Evangelho. "Saída" tem de ser entendida como uma mudança radical em direção a Jesus Cristo. Do contrário, ficará no plano de um ativismo frenético e, no final, permanecerá estéril. Mas, se na fidelidade existencial e criativa a Cristo vivermos a sua mentalidade e agirmos a partir dela, então a saída dará os frutos esperados.

Para tal, requer-se uma reflexão de autocrítica dos fiéis cristãos sobre o encargo que receberam de Deus sobre a sua missão.

Só a rememoração das raízes da fé e da eclesialidade podem conduzir a Igreja em direção ao futuro. É necessário descobrir as energias libertadoras e portadoras de felicidade, para se entender novamente a Igreja como povo crente a serviço de Deus (cf. EG, 274). Uma Igreja serva e serviçal, que se revitaliza na oração, na adoração e no testemunho de amor ao próximo, pode viver a libertação e a liberdade oferecidas por Deus e convidar os seres humanos a viverem essa liberdade.

O chamado a sair conduz ao exame de consciência, a repensar, à luz dos convites do papa, as nossas exigências pessoais em relação à reforma da Igreja: Deixo-me interpelar pelo convite a sair ou considero que só deve ser dirigido aos outros? Esta reformulação vale unicamente para a reforma da Cúria Romana, tão frequentemente reclamada? Não afeta igualmente as nossas dioceses e comunidades, assim como cada um de nós, de modo muito pessoal? As estruturas eclesiais só mudam se as pessoas que são o seu rosto atuarem conforme o Evangelho. Por isso, em última análise, o nosso próprio ser cristão não depende da conversão dos outros ou da reforma da Cúria Romana. O nosso ser cristão decide-se na nossa própria disposição à conversão ou em nossa relação pessoal com Deus.

Todos estamos de acordo: precisamos de uma renovação da fé. Todos carregamos o desejo de reforma. Nesse contexto, temos de realizar uma espécie de discernimento de espíritos: Que reformas propiciam a revitalização e o aprofundamento da fé? Quais favorecem a transformação do coração? Quais fomentam o compromisso cristão no mundo? Quais levam as pessoas ao contato vivo com Deus? Quais podem nos libertar da apatia, da letargia e da resignação atuais? Quais libertam da obsessão pelas tão reclamadas reformas estruturais e comunicam uma força dinamizadora para configurar o nosso mundo de maneira melhor, mais cristã e mais bela?

Nesta reflexão, trata-se, em primeiro lugar e sobretudo, das perguntas centrais da fé, mediante o encontro pessoal e comunitário com Jesus Cristo. O Papa Francisco é inequívoco nesse ponto: "Não me cansarei de repetir aquelas palavras de Bento XVI, que nos levam ao centro do Evangelho: 'Não se começa a ser cristão por uma decisão ética ou uma grande ideia, mas pelo encontro com um acontecimento, com uma Pessoa, que dá um novo horizonte à vida e, com isso, uma orientação decisiva'" (EG, 7; cf. DC, 1).

A força da fé, que nos é concedida a partir da relação vivida com Deus, é a única força motivadora para levar a cabo e, com êxito, a saída. Essa força da fé é capaz de superar todos os obstáculos, exteriores e interiores, pois, como é sabido, a fé pode mover montanhas.

O Papa Francisco quer nos motivar para a ação evangelizadora. Ao fazê-lo, traça o quadro para uma vida e um agir cristãos. O que se oferece aqui não é um mero diagnóstico sociológico do estado da fé, mas um "discernimento evangélico". O Papa Francisco denomina-o "olhar do discípulo missionário, que 'se alimenta à luz e com a força do Espírito Santo' (PDV, 10)" (EG, 50). Por conseguinte, a saída missionária da Igreja significa um novo começo espiritual, uma chamada a nós, crentes cristãos, iniciarmos uma nova etapa da evangelização. Trata-se de nos reencontrarmos com Cristo e vivenciarmos alegria por esse encontro, e que essa alegria determine o serviço da Igreja (cf. EG, 1).

Para que aconteça uma nova saída é necessário que os primeiros destinatários desse documento se levem a sério e façam seus não só o desejo imperioso do papa, mas também a sua sugestão. Como é sabido, a Igreja Católica é uma estrutura episcopal. "Cada Igreja particular, porção da Igreja Católica sob a guia do seu bispo, também está chamada à conversão missionária. Ela é o sujeito primário da evangelização, já que é a manifestação concreta da única Igreja num lugar do mundo, e nela 'verdadeiramente está e atua a Igreja de Cristo, que é una, santa, católica e apostólica' (CD, 11)" (EG, 30).

A exortação apostólica mostra o caminho para que esse sonho missionário do papa possa tornar-se o sonho missionário de todos: "O bispo sempre deve fomentar a comunhão missionária na sua Igreja diocesana, seguindo o ideal das primeiras comunidades cristãs, onde os crentes tinham um só coração e uma só alma (cf. At 4,32). Para isso, umas vezes irá adiante para indicar o caminho e cuidar da esperança do povo, outras vezes estará simplesmente no meio de todos com a sua proximidade simples e misericordiosa, e haverá ocasiões em que caminhará atrás do povo para ajudar os atrasados e, sobretudo, porque o próprio rebanho tem o seu olfato para encontrar novos caminhos. Na sua missão de fomentar uma comunhão dinâmica, aberta e missionária, terá de encorajar e procurar o amadurecimento dos mecanismos de participação propostos pelo Código de Direito Canônico e outras formas de diálogo pastoral, com o desejo de ouvir a todos, e não somente alguns que lhe acariciem os ouvidos. Mas o objetivo desses processos participativos não será principalmente a organização eclesial, mas o sonho missionário de chegar a todos" (EG, 31). Participar na missão da Igreja significa participar na sua incumbência de convidar todos os homens de boa vontade a se encontrarem sempre de novo com Jesus Cristo, acolhendo as suas palavras como palavras de vida eterna e aceitando a sua força e a sua vida.

Para mostrar em que direção deveria se realizar a nova saída missionária o Papa Francisco aborda na EG, do ponto de vista pastoral, alguns aspectos da realidade "que podem deter ou debilitar os dinamismos de renovação missionária da Igreja, seja porque afetam a vida e a dignidade do povo de Deus, seja porque também incidem nos sujeitos que participam de modo mais direto nas instituições eclesiais e em tarefas evangelizadoras" (EG, 51).

Assim, portanto, uma Igreja que esteja "em saída" deve, antes de tudo, analisar com sinceridade a sua vida atual; porque o *ad extra* da Igreja só pode sair bem se o *ad intra* estiver em ordem. Mas trata-se de um processo dinâmico e entrelaçado. Não podemos esperar até que haja condições ótimas para uma atividade missionária e que na Igreja tudo esteja regulado tal qual imaginamos. É caminhando que nos renovamos.

Mas também não podemos sair sem um plano e sem termos a certeza dos recursos de que dispomos. As provisões chegarão para toda a viagem? De onde nos vem a energia para continuarmos avançando? Uma Igreja peregrinante precisa ser e estar consciente para onde se encaminha essa sua peregrinação. O povo de Israel tinha uma meta durante a travessia do deserto. Também a Igreja, como povo de Deus, tem um destino. Se o perdemos de vista, necessitamos de orientação para continuar a caminhar. Para que meta se dirige hoje o povo peregrino de Deus? Para encontrar a resposta a esta pergunta, todo cristão individualmente e a Igreja como comunidade devem ter a certeza do que são relativamente as interrogações centrais da fé. De que maneira Deus é reconhecido como origem, centro e meta da nossa fé e da nossa vida? Quem é Jesus Cristo e o que Ele significa hoje para nós? Que papel desempenha a Igreja no plano salvífico de Deus para a humanidade?

No contexto das sociedades seculares* é muitíssimo estimulante e premente responder a essas perguntas. Só podemos demonstrar a relevância da fé se levarmos a sério o fenômeno da secularização como desafio e fizermos dele objeto de nossa reflexão. A secularização é o contexto em que temos de clarificar as perguntas da fé e de lhes responder. Então, descobriremos a importância do Evangelho para sermos, íntegra e perfeitamente, humanos, o que nos alegrará até às profundezas. Neste regozi-

---

* Em todo este livro, "secular" significa do século ou do mundo, sem conotação negativa nem pejorativa [N.T.].

jo interior encontraremos a energia necessária para compartilhar com as irmãs e os irmãos a Boa-nova de Jesus Cristo, ousando assim realizar uma saída missionária.

2.4 Desafios de uma Igreja missionária

Hoje a Igreja está presente em todos os continentes da Terra. Apesar da globalização, a vida dos cristãos está determinada em certo sentido pelas culturas e pelas circunstâncias políticas e econômicas dos seus respectivos países. Assim, a vivência do Evangelho conforma-se à Igreja particular em que vivermos. Por um lado existe um grande zelo para a missão; por outro, constata-se um profundo cansaço. O fato de os cristãos perseguidos viverem a sua fé e estarem ativamente comprometidos na missão nessas condições difíceis deveria fazer com que todos os cristãos, que têm a sorte de viver com relativo bem-estar e segurança, refletissem. Conhecemos à saciedade esta afirmação polêmica: "A Igreja cresce onde as pessoas são pobres, não têm formação e não vivem numa sociedade instruída e moderna". Essa percepção tão distorcida não é somente ofensiva às pessoas "da periferia", mas também mostra como está cega diante da realidade social. Basta perceber que, se também existe entre nós pessoas materialmente pobres e com pouca instrução, por que a Igreja não cresce em nosso meio?

Globalmente falando pode-se perceber que as Igrejas jovens crescem, mas no continente que durante centenas de anos imprimiu-se a marca no cristianismo, isto é, na Europa, a Igreja dá sinais de cansaço da fé. Também não há lugar do mundo em que a instituição eclesial seja tão criticada como na Europa; não só exteriormente, mas também, com muita intensidade, em seu interior.

A unidade entre Estado e Igreja contribuiu consideravelmente para isso. Por isso, atualmente a Igreja sofre as consequências do seu passado, haja vista que ela determinou durante centenas de anos a vida política e econômica. Juntamente com numerosas experiências positivas ela vivenciou tantas outras de caráter negativo que obscureceram sua identidade. O amalgamento da vida eclesial e da vida sociopolítica certamente causou a grave e atual crise de fé, que deve ser levada a sério e enfrentada com franqueza.

Diante desse imenso desafio nem sempre é fácil distinguir os erros sociopolíticos dos erros da Igreja como portadora da fé cristã. Junta-se a isso o fato de um grande número de pessoas não diferenciarem os erros e pecados das pessoas que atuam em nome da Igreja e a atuação da instituição eclesial.

Na Quarta-feira de Cinzas do Ano Santo de 2000, o Papa João Paulo II, em ato litúrgico, pediu perdão pelos pecados e faltas dos filhos e filhas da Igreja em todos os séculos do cristianismo. Feita durante o Grande Jubileu da Encarnação de Cristo, essa confissão de culpa foi um ato de "purificação da memória", porque, em virtude da sua responsabilidade perante a verdade, a Igreja não podia "atravessar os umbrais do novo milênio sem animar os seus filhos a se purificarem, no arrependimento, de erros, infidelidades, incoerências e lentidões" (TMA, 33).

Avançar numa perspectiva missionária inclui distinguir corajosamente e sem preconceitos o que de pecaminoso aconteceu na prática crente dos indivíduos como consequência da sua falta de fé e o que a fé cristã realmente quis desde sempre. Essa distinção é uma "diaconia intelectual", nas palavras de Bento XVI. O olhar sincero da Igreja para o seu passado não deve ser entendido como diminuição da fé nem como dúvida sobre a sua missão. As pessoas que atualmente ocupam os postos de responsabilidade na Igreja deveriam ser muito mais corajosas quando têm de vincular a força purificadora da memória cristã à rejeição da polêmica anticlerical. Quem pode assumir hoje na Igreja a responsabilidade pelas Cruzadas, pelos erros da época colonial, pelas divisões eclesiais ou pelas sequelas das guerras em países cristãos?

Por isso, deve-se evitar "processos de autoculpabilização indevida, pois arcar com as culpas passadas é, para quem crê, uma espécie de participação no mistério de Cristo crucificado e ressuscitado, que carregou as culpas de todos. Essa perspectiva pascal revela-se particularmente adequada para produzir frutos de libertação, de reconciliação e de alegria para todos aqueles que, com fé viva, estão implicados na petição de perdão, seja como sujeitos ou como destinatários"[4].

As sugestões e interpelações que o Papa Francisco faz na *Evangelii Gaudium* têm uma importância primordial para nos libertarmos de uma nefasta obsessão pelas críticas do passado e nos interrogarmos sobre a crise atual do compromisso comunitário (cf. EG, 50-109). Para que seja possível a saída é indispensável fazer uma análise autocrítica da situação real da Igreja. A sincera percepção dos "sinais dos tempos" pode nos ajudar a discernir sobre as dificuldades acerca do Evangelho que constituem os verdadeiros problemas e aquelas de segunda ordem.

O que são os sinais dos tempos? Falando no contexto europeu, os autênticos sinais dos tempos são:
- as pessoas se afastam da Igreja;
- muitos não entendem a finalidade da instituição eclesial;
- crítica constante à Igreja;
- a maioria dos católicos não participa nos sacramentos;
- o analfabetismo religioso está muito disseminado;
- muitos dos que trabalham na Igreja não procuram alcançar as suas verdadeiras metas;
- muitos membros da Igreja só abordam temas marginais.

---

4 PONTIFÍCIA COMISSÃO TEOLÓGICA INTERNACIONAL. *Memória e reconciliação*. A Igreja e as culpas do passado, 6.2.

Embora se mantenha uma frenética atividade, tem-se a impressão de viajar com o freio de mão puxado. Fala-se de missão sem o desejo real de ganhar novos membros para a Igreja.

Diante desses fatos devemos estar dispostos a encarar certos desenvolvimentos, sem incorrermos em pessimismo. Convém nos atentarmos para o que o papa caracteriza como "desafios culturais" (cf. EG, 61-67):

- Tudo o que se chama "moderno" está realmente à altura dos tempos? Na realidade, o que significa uma sociedade desenvolvida? Basta o crescimento material se desaparecer a prática humanitária, se a caridade se transformar em simples fórmula e se as relações humanas ficarem estagnadas?
- Será benéfico à fé tudo o que na Igreja se qualifica progressista? Ou isso se restringe à opinião de poucos? Estamos dispostos a nos confrontar com a realidade da cruz e com o pecado pessoal e estrutural? Em que consiste a nossa oferta numa época de espiritualidade sem Deus? Não estaremos perpetrando uma fraude se não oferecermos aquilo para que, na realidade, fomos chamados? (cf. EG, 63).

Podemos dar todos os tipos de desculpa, mas permanece o fato de que há uma profunda crise de fé na Igreja. Os sintomas dessa crise podem ser percebidos no cotidiano. Intraeclesialmente falando, vive-se uma infrutuosidade de esforços, o que nos leva à resignação e à letargia. Objetivando superar esse estado de alma paralisador, seguidamente procuramos bodes expiatórios com a finalidade de justificarmos a nossa situação. Mas essa maneira de enfrentar a crise obnubila a nossa percepção da verdadeira crise.

Dado que, por diversas razões, a grande maioria dos batizados se distanciou da Igreja, as respostas costumeiras ao fenômeno já não são suficientes. É absolutamente fundamental nos perguntarmos: As pessoas com quem convivemos relacionam Deus com a nossa Igreja? Onde Deus ocupa o centro a Igreja cresce, pois as pessoas se sentem atraídas pela Igreja sempre que percebem que nela encontram Deus. Por que, em geral, não conseguimos verbalizar suficientemente a dimensão teândrica, isto é, divino-humana da Igreja? As discussões acerbas de política eclesiástica, os debates sobre estruturas, as polêmicas intraeclesiais entre correntes e a formação de grupos à parte eclipsam o conceito de Igreja. Muitos pensam que Deus os abandonou! Por isso, só percebem na dimensão sociológica da Igreja. Ela seria algo mais do que uma ONG?

O que nos impede fazer com que a Igreja seja visível e experimentada como lugar da presença divina? A Igreja, sobretudo como instituição, encontra-se realmente numa encruzilhada? Queremos continuar atuando como fizemos até agora ou estamos dispostos a mudar de mentalidade e nos arriscarmos a sair? Nesses questionamentos há uma pergunta fundamental: O fato de muitas pessoas eclesialmente ativas já não se reconhecerem partícipes da comunidade católica de fé, como poderemos impulsionar intelectual e espiritualmente uma renovação, tanto interior como exterior, da comunhão de todos os crentes? Para essa conjuntura contribuíram diversos fatores, como a religiosidade plural e a secularização das pessoas. Mas, sendo realistas, também podemos detectar o problema no interior da Igreja. Por que existe certo vazio de fé no próprio coração da Igreja? Que papel desempenham, nesse sentido, os fenômenos conhecidos como autossecularização e autonivelamento da Igreja? O principal desafio é a crise de fé dos cristãos na própria Igreja. Frequentemente tentamos fazer remendos na fachada quando os fundamentos, os alicerces estão abalados. Que remédio há contra a falta de certeza do crente? Hoje a Igreja não leva energia missionária aos países nos quais antigamente estava arraigada a fé cristã, que podia ser anunciada com toda a liberdade. Diante desta constatação devemos nos perguntar:

- Como devemos entender essa falta de força, ânimo e coragem para a missão?
- Na Igreja existem preocupações exageradas que bloqueiam e paralisam as energias?
- Há dedicações pessoais improdutivas?
- Por que não acreditamos que somos capazes de crescer como Igreja? Queremos realmente crescer?
- O fato de não percebermos as causas da ausência de fé e de alegria missionária depende do fato de a Igreja estar obcecada com problemas humanos causados por ela mesma? O que pode nos ajudar a descobrir as causas?

Trata-se nada menos de perguntas sobre o que é de fato a Igreja e em que consiste sua missão. Não há dúvida de que somente a dimensão divina da sua essência e da sua missão pode conferir-lhe um poder de atração a longo prazo e entusiasmar as pessoas por ela. A Igreja será católica, abrangente na medida em que o "princípio encarnatório", o divino no homem, se mantiver vivo e reconhecível nela.

Sem uma mudança de perspectiva não poderemos encontrar resposta para a crise de fé. Nesse sentido tem grande importância que, como comunidade de fiéis em comunhão, nos aprofundemos no diálogo sobre a fé. É preciso que voltemos a examinar a nossa fé e nos certifiquemos sobre a nossa identidade como Igreja Católica. Então, a "evangelização" e a "nova evangelização" acontecerão simultaneamente[5]. Em tudo isso o mais importante é centralizar Deus, considerando o que o Papa Bento XVI pensa sobre "des-

---

5 Cf. KASPER, W. "Neue Evangelisierung – Eine pastorale, theologische und geistliche Herausforderung". In: AUGUSTIN, G. & KRÄMER, K.L. (eds.). *Mission als Herausforderung* – Impulse zur Neuevangelisierung. Friburgo, 2011, p. 23-39. • AUGUSTIN, G. "Wege zum Gelingen der Neuevangelisierung". In: AUGUSTIN, G. & KRÄMER, K.L. (eds.). *Mission als Herausforderung...* Op. cit., p. 141-167.

mundanização" (*Entweltlichung*) e o Papa Francisco sobre "mundanidade espiritual" (cf. EG, 93-97).

"'Desmundanização' significa, em primeiro lugar e na sua acepção mais profunda, redescobrir que o cristianismo é, em sua essência, fé em Deus e vida em relação pessoal com Ele, e que tudo se segue a partir daí. Dado que a nova evangelização consiste basicamente em levar Deus aos homens e acompanhá-los no estabelecimento de uma relação pessoal com Deus, essa nova evangelização e a 'desmundanização' são as duas faces da mesma moeda"[6].

A Igreja só pode sair, pôr-se em marcha se as pessoas que participam dela estiverem dispostas a superar a "mundanidade espiritual", que "se esconde atrás de aparências de religiosidade e até de amor à Igreja; é procurar, em vez da glória do Senhor, a glória humana e o bem-estar pessoal" (EG, 93).

O Papa Francisco aborda sem rodeios uma conduta típica de todos nós. Em vez de trabalharmos com o suor do nosso rosto, "entretemo-nos vaidosos a falar sobre 'o que se deveria fazer' – o pecado do 'habriaqueísmo'* –, como mestres espirituais e 'sábios pastorais' que indicam a partir de fora" (EG, 96).

Na medida em que superarmos as diversas formas dessa vaidade espiritual colocaremos a Igreja "em movimento de saída de si, de missão centrada em Jesus Cristo, de entrega aos pobres. Deus nos livre de uma Igreja mundana vestida com roupagens espirituais ou pastorais! Essa mundanidade asfixiante só pode ser curada se tomarmos o gosto do ar puro do Espírito Santo que nos liberta de estarmos centrados em nós mesmos" (EG, 97).

---

6 KOCH, K. *Entweltlichung und andere Versurche, das Christliche zu retten*. Ausburgo, 2012, p. 27.
* Embora na edição portuguesa do documento o neologismo papal (de origem castelhana) "habriaqueísmo" tenha sido traduzido por "deveriaqueísmo" (dever-se-ia), parece-nos mais correta a expressão "terdeísmo", pois se refere a ter de fazer isso, ter de fazer aquilo [N.T.].

Só olhando para Deus podemos quebrar esse orbitar sobre nós mesmos. Na Igreja precisamos orbitar em torno de Deus.

3
Anunciar o Evangelho num contexto secular

A paixão por Deus caracteriza o verdadeiro cristão, pois Deus é a verdade definitiva do homem e do mundo. Para o homem, a realização última de sentido radica-se no conhecimento de Deus: "Nisto consiste a vida eterna: que conheçam a ti, único Deus verdadeiro, e a Jesus Cristo, a quem Tu enviaste" (Jo 17,3). "Evangelização" significa tão somente convidar todos os homens de boa vontade a esse conhecimento, mediante as diversas formas da fé e da vida da Igreja e de cada cristão.

Onde não existe compromisso, temos a impressão de que os esforços são ignorados, remetendo-se para o "fenômeno da secularização". Contudo, é inútil continuar apontando o dedo ao mundo secular e a criticá-lo, em vez de tentar entendê-lo mais profundamente e a penetrar nele, sem se adaptar ou diluir nele.

A secularização constitui um processo muito complexo que deve ser considerado a partir de variadas perspectivas e diferentes contextos[7]. "Secularização" nem sempre significa a mesma coisa; seu desenvolvimento e repercussão variam de contexto para con-

---

7 Cf. LUHMANN, N. *Die Religion der Gesellschaft*. Frankfurt, 2000, p. 278-319.

texto e de país para país. A ideia de que secularização está unicamente ligada a religião só é compreensível em contexto religioso. Na realidade, ela diz respeito a duas questões fundamentais: à da relação, que existe entre a sociedade e as suas instituições, por um lado, e ao fato de as pessoas admitirem ou não a existência de algo que ultrapassa os limites da experiência imediata e sensível.

3.1 A caminho de uma sociedade sem religião

Na atualidade, os processos de secularização efetuam-se primordialmente nas civilizações ocidentais – sobretudo na Europa –, onde o cristianismo era e é a religião predominante. O processo de secularização está associado à estreita ligação, que perdurou durante séculos, entre fé, Estado e sociedade. Os grandes pensadores sociais do século XIX – Auguste Comte, Herbert Spencer, Émile Durkheim, Max Weber, Karl Marx e Sigmund Freud – acreditavam que o significado da religião se dissiparia cada vez mais e desapareceria com o advento da sociedade industrial.

Mas eles não eram os únicos que pensavam dessa forma. Desde a época do Iluminismo, destacados personagens da filosofia, da antropologia e da psicologia afirmaram que a teologia não era mais do que uma superstição e que os ritos simbólico-litúrgicos constituíam práticas mágicas e arcaicas, tendo sido superadas. Durante quase todo o século XX o discurso sobre a morte da religião ficou a cargo das ciências sociais. A secularização foi considerada um modelo de investigação sociológica que, juntamente com a burocratização, a racionalização e a urbanização, era tida como uma das revoluções históricas-chave na passagem da sociedade agrária para a sociedade industrial moderna[8].

---

8 Para uma investigação bem-fundamentada na ótica da sociologia da religião, cf. NORRIS, P. & INGLEHART, R. *Sacred and Secular* – Religion and Politics Worldwide. Nova York, 2004. • CASANOVA, J. *Public Religions in the Modern World*. Chicago, 1994 [trad. esp.: *Religiones públicas en el mundo moderno*. Madri: PPC, 2000].

Portanto, a teoria mais comum da secularização afirma que as religiões e a religiosidade dos seres humanos continuarão se retraindo. Como justificativa afirma que as opiniões religiosas são errôneas ou, pelo menos, incapazes de convencer as mentes cultas. Com muita perspicácia se afirma que no passado a religião foi responsável por infinitos problemas existentes no mundo; por isso, ela deveria ser combatida e eliminada.

A teoria clássica da secularização prognosticou a perda generalizada de relevância da religião nas sociedades modernas. Entretanto, porém, na sociologia da religião percebe-se crescentemente que essa tese precisa ser revista. Se se comparar o que ocorreu em outros âmbitos culturais, a via europeia de secularização, por exemplo, parece antes um caminho especial e uma exceção[9]. Alguns remetem para diversos sinais do despertar atual da religiosidade e da grande vitalidade da religião: desde a crescente popularidade das práticas religiosas nos Estados Unidos até o surgimento de novas espiritualidades; desde o auge de movimentos fundamentalistas e partidos religiosos no mundo islâmico até o ressurgir das Igrejas pentecostais na América Latina. E não menos significativo, somos testemunhas dos conflitos étnico-religiosos nas relações internacionais. Depois de examinar esses desenvolvimentos, Peter L. Berger, um dos mais destacados defensores da tese da secularização na década de 1960, corrigiu as suas afirmações mais antigas: "Salvo algumas exceções, o mundo é, na atualidade [...] tão religioso como sempre foi; e, em alguns pontos, até mais religioso do que nunca. Isto significa que toda a literatura

---

[9] Cf. HÖLLINGEN, F. "Die Erfahrung der Präsenz des Göttlichen". In: FUNDAÇÃO BERTELSMANN (ed.). *Woran glaubt die Welt?* – Analysen und Kommentare zum Religionsmonitor 2008. Gütersloh, 2009, p. 453-477.

de historiadores e cientistas sociais que sinteticamente se conhece como 'teoria da secularização' erra no essencial"[10].

Portanto, Comte, Durkheim, Weber e Marx teriam se enganado completamente na convicção do declínio do religioso nas sociedades industriais? O olhar sociológico predominante no século XX estaria desfocado? A secularização será um fenômeno do passado? As experiências do mundo atual contam outra história, sobretudo na Europa Ocidental, ou seja: a secularização é um fenômeno que continua avançando.

Com raras exceções, há maior erosão das práticas e dos valores religiosos, assim como das atitudes de fé, nas sociedades pós-industriais materialmente seguras. Mas isso não significa que nas sociedades relativamente seguras não existam fragmentos de religião. As pesquisas revelam que a maioria dos europeus se define como evangélica ou católica. Porém, nessas sociedades, a relevância, vitalidade e influência da religião na vida cotidiana das pessoas foram-se definhando pouco a pouco.

A prova mais convincente disso pode ser observada na mudança de ideias e condutas nos países ricos[11]. A prova dos nove desse fenômeno são as afirmações das pessoas sobre o que é importante em sua vida e sobre o que de fato fazem. As publicações eclesiásticas oficiais de quase todos os países pós-industriais mostram que, desde meados do século XX, há uma drástica diminuição na procura de assistência religiosa. Pesquisas e estatísticas sobre a frequência às celebrações litúrgicas nos últimos 50 anos corroboram esta observação. Os Estados Unidos constituem uma exceção.

---

10 BERGER, P.L. *The Desecularization of the World*. Washington, 1999, p. 2. • BERGER, P.L. (ed.). *Between Relativism and Fundamentalism*. Michigan, 2010.
11 Cf. HENNERKES, B.-H. & AUGUSTIN, G. (eds.). *Wertewandel mitgestalten – Gut handeln in Gesellschaft und Wirtschaft*. Friburgo, 2012.

O que se pode verificar é o seguinte: com a crescente segurança existencial em quase todas as sociedades industriais desenvolvidas as pessoas optaram, nos últimos 50 anos, por uma orientação de vida marcadamente não religiosa. Em círculos eclesiais existe um continuado debate sobre as diferentes ideias de secularização, secularismo e secularidade. Sobre esse pano de fundo deve-se considerar cuidadosamente o fenômeno da secularização para que se possa avaliar as possibilidades de levar a mensagem cristã à sociedade atual.

3.2 A relação entre o Estado e a religião

Em sentido político, "secularização" denota a separação entre religião e política, ou, o que é o mesmo, entre Igreja e Estado. Historicamente é resultado sobretudo da busca de uma ordem de paz para as sociedades europeias depois das cruentas guerras de religião do século XVII.

A neutralidade do Estado em questões relativas às religiões e a neutralidade das religiões em relação ao Estado são a condição prévia básica da liberdade religiosa. O Estado deve proceder com neutralidade em relação a todas as religiões e confissões, e simultaneamente assegurar a possibilidade da prática livre e pública das religiões. Diante do pluralismo religioso, isso significa que o Estado não pode privilegiar uma determinada religião e que deve conceder direitos idênticos a todas elas. O Estado tem igualmente de garantir aos seus cidadãos segurança jurídica nas questões relacionadas à prática religiosa.

A neutralidade do Estado em relação às religiões não implica que deva suprimir todos os símbolos religiosos ou proibir as práticas religiosas, pois isso equivaleria a perseguição religiosa. As pessoas devem ter na sociedade, como indivíduos e como comunidade de fé, o direito e a possibilidade de praticarem a sua religião, de fazerem propaganda dela e de exprimirem sua satisfação por ela. Em relação a esse direito, o Estado não deve privilegiar nem discriminar qualquer religião.

Esse preceito de neutralidade não deve ser interpretado como indiferença ou laicismo. Essa interpretação errônea equivaleria a tomada de posição em favor da irreligiosidade, violando assim o preceito de neutralidade. "O direito humano de liberdade religiosa não requer que a religião seja confinada à esfera privada, mas somente garantir idêntica liberdade religiosa aos cristãos, aos seguidores de outros credos e aos ateus"[12].

A separação entre Estado e religião corresponde ao objetivo da mensagem cristã: "É próprio da estrutura fundamental do cristianismo a distinção entre o que é de César e o que é de Deus (cf. Mt 22,21), isto é, entre Estado e Igreja, ou, como diz o Concílio Vaticano II, o reconhecimento da autonomia das realidades temporais. O Estado não pode impor a religião, mas precisa garantir a sua liberdade e a paz entre os seguidores das diversas religiões" (DC, 28). Por isso, a separação entre organismos estatais e instituições religiosas possibilita estreita cooperação entre ambos, objetivando o bem da sociedade civil, como também possibilita que os membros das diferentes religiões se associem para o bem das pessoas. Consequentemente, a secularização, em seu sentido sociopolítico, não implica que a religião seja banida. A renúncia ao poder político por parte das Igrejas não significa que os cristãos não possam confessar publicamente sua fé, não se manifestem em debates políticos nem contribuam para a organização social baseados em seus valores de fé.

Certamente, uma secularização assim entendida não surgiu por casualidade cultural: "Em certo sentido, a história corre em auxílio da Igreja através das diferentes épocas de secularização,

---

[12] HILLGRUBER, C. "Gefährdungen der Religionsfreiheit in den säkularen Gesellschaften Europas". *Communio*, 42, 2003, p. 612-620; aqui, p. 614s.

que contribuíram de modo especial para a sua purificação e reforma interior. De fato, as secularizações – quer consistam em expropriações de bens da Igreja ou em supressão de privilégios ou coisas similares – sempre significaram uma profunda libertação da Igreja das formas mundanas: despoja-se, por assim dizer, da sua riqueza terrena e volta a abraçar plenamente a sua pobreza terrena", afirmou o Papa Bento XVI no discurso que pronunciou em Friburgo de Brisgóvia (Alemanha) em 2011[13]. Também na alocução do Papa Francisco ao Conselho da Europa, em 25 de setembro de 2014, "descreve-se com exatidão o final da coordenação e simbiose constantiniana da Igreja e poder secular"[14]. Esse distanciamento crítico do poder mundano nos oferece a oportunidade de dialogar com a sociedade e encontrar pontos de convergência para a fé no mundo secularizado. A Igreja cumpre o mandato que recebeu de ser missionária quando mantém com o mundo um diálogo e uma vinculação críticos. Nisso, a máxima paulina "Não vos acomodeis a este mundo" (Rm 12,2) nos dá critério de discernimento: "Examinai tudo e guardai o que é bom" (1Ts 5,21).

No término desta seção reafirmamos que Igreja deve ser vista mais como lugar de relacionamento com Deus e menos como instituição empenhada em política social. A secularização, entendida em sentido positivo, como separação de Igreja e Estado, dá à fé uma grande oportunidade no mundo atual, porque nos permite libertar de dependências políticas e apresentar ao mundo o que é distintivamente cristão, de tal modo que a fé adquira força de irradiação. Então, a Igreja aparece como de fato é: religião, relação vivida com Deus e relação entre pessoas como sinal e instrumento do Reino de Deus.

---

[13] BENTO XVI. "Encontro com católicos comprometidos na Igreja e na sociedade". Friburgo, 25/09/2011.

[14] KASPER, W. *Papst Franziskus* – Revolution der Zärtlichkeit und der Liebe, p. 117s.

3.3 A perda da transcendência

Em sua Exortação Apostólica *Evangelii Nuntiandi*, o Papa Paulo VI afirma que na secularização há "um esforço positivo, em si mesmo justo e legítimo, não incompatível com a fé e a religião", dado que consiste em "descobrir na criação, em cada coisa ou em cada acontecimento do universo, as leis que os regem com uma certa autonomia, com a convicção interior de que o Criador pôs neles as suas leis" (EN, 55). Os documentos doutrinais do Concílio Vaticano II, especialmente a GS e a DH, fundamentam o respeito teológico à "legítima autonomia da cultura e do Estado"[15].

Como lado negativo da secularização, o Papa Paulo VI menciona a "concepção segundo a qual o mundo se explica por si mesmo, sem necessidade de recorrer a Deus; por isso, Deus se tornaria supérfluo e até um obstáculo. Esse secularismo, para reconhecer o poder do homem, tenta ultrapassar a Deus e até mesmo a renegá-lo" (EN, 55).

Por conseguinte, no contexto religioso, "secularização" tem aspectos positivos e negativos. Pouco antes da sua morte, João Paulo II, na Exortação Apostólica pós-sinodal *Ecclesia in Europa*, afirmou que "A cultura europeia dá a impressão de ser uma apostasia silenciosa do homem autossuficiente, que vive como se Deus não existisse" (EE, 9). Acrescentemos que as pessoas nem sequer parecem sentir falta de Deus. A experiência da ausência de Deus pode ser denominada, em sentido religioso, "secularização"; sem Deus, o mundo se torna secular.

"Deus morreu [anunciou o louco Nietzsche] na Europa há mais de um século[16]. "Uma ideia básica que se plasma nessa formu-

---

15 Ibid., p. 150, n. 157.

16 NIETZSCHE, F. *Die fröhliche Wissenschaft* (1882), livro III, seção 125 [trad. port.: *A gaia ciência*. Lisboa: Guimarães, 2010]. Cf. tb. CAPUTO, J.D. & VATTIMO, G. *After the Death of God*. Nova York, 2007.

lação é a de que as condições no mundo moderno são de tal ordem, que já não é possível crer em Deus de modo sincero e racional, e sem confusão, falsificação ou reserva. Nessas condições, não podemos crer em nada que ultrapasse o humano; nem na felicidade, nem nas possibilidades de desenvolvimento nem no heroísmo das pessoas"[17]. Nesse sentido, vivemos hoje numa era secular. O que isso quer dizer? Que, nos últimos séculos, o lugar da religião mudou radicalmente. No processo de modernização – que é impelido sobretudo pelo desenvolvimento tecnológico e econômico, na maioria das sociedades e culturas –, a religião e a prática religiosa estão mergulhadas nos seguintes fenômenos:

• Retrocesso das convicções religiosas associado ao questionamento de todas as ideias de Deus, até chegar à perda da fé.

• Aquendidade*, ou seja: atenção redobrada e exclusiva sobre "este mundo" e renúncia a perspectivas sobrenaturais como, por exemplo, à esperança em vida após a morte, assim como o desenvolvimento de ideias de redenção puramente mundanas.

• Dessacralização: reduzindo as explicações do mundo a aspectos científico-naturais e racionais.

• Privatização: diminuição do prestígio e da influência das comunidades religiosas institucionalizadas e crescente acentuação de uma espiritualidade puramente individual, com privatização da prática religiosa e afastamento da atividade religiosa comunitária.

O sociólogo e filósofo canadense Charles Taylor descreve essa transformação da seguinte forma: há alguns séculos era praticamente impossível viver sem a fé em Deus; na atualidade, para muitas pessoas, a fé em Deus não é mais do que uma opção, uma

---

[17] TAYLOR, C. *Ein säkulares Zeitalter*. Frankfurt, 2009, p. 935 [trad. port.: *A era secular*. Lisboa: Instituto Piaget, 2012].

* Referente a aquém [N.T.].

possibilidade entre outras. Taylor investiga a evolução do mundo ocidental sob diferentes aspectos da Modernidade, que deveria ser qualificada como *secular*. Ele descreve várias transformações, nas quais as formas existentes de vida religiosa se dissolveram ou desestabilizaram, mas ao mesmo tempo surgiram novas formas. Na análise de Taylor, torna-se claro que o mundo secular não pode ser descrito simplesmente como "sem religião", embora em algumas sociedades a fé e a prática religiosa tenham retrocedido consideravelmente. É preciso levar em consideração a contínua multiplicação de novas opções religiosas, espirituais e até antirreligiosas que indivíduos e grupos assumem para encontrar um sentido para a sua vida e manifestar sua espiritualidade.

Taylor distingue três pontos do fenômeno da secularização[18]:

• O primeiro dá importância ao aspecto público. A ele pertence a formação de esferas sociais autônomas (política, cultura, economia e vida profissional, liberdade etc.) e a separação entre Igreja e Estado[19].

• O segundo remete para o enfraquecimento da fé, quando as pessoas voltam as costas para Deus e não veem necessidade da prática eclesial tradicional. Nesse sentido, é evidente que uma grande parte dos europeus, por exemplo, se tornou secular.

• Este terceiro ponto está intimamente relacionado ao ponto anterior. "Trata-se principalmente das condições da fé. Nesse sentido, a mudança para a secularidade consiste, entre outras coisas, em se afastar de uma sociedade em que a fé em Deus permanece incontestada e até está fora de questão, e de haver uma transição para uma sociedade na qual a fé

---

18 Para o que se segue, cf. esp. TAYLOR, C. *Ein säkulares Zeitalter*, p. 11-35.

19 "Desempenhamos os nossos papéis em diferentes âmbitos de atividade – no quadro da economia, da política, do sistema educativo, da profissão e do lazer –, mas, em geral, as normas e os princípios por que nos orientamos e as considerações que formulamos não nos remetem para Deus nem para qualquer tipo de convicção religiosa" (Ibid., p. 14).

representa mais uma opção entre muitas outras"[20]. Na atualidade, a fé em Deus deixou de ser algo admitido como óbvio. Que a fé tenha se convertido em *opção* define melhor a situação nas sociedades cristãs ou pós-cristãs do Ocidente do que nas sociedades com população majoritariamente muçulmana, budista ou hindu.

Segundo a análise de Taylor, é fundamental levar a sério as condições da fé. O fenômeno da secularização, que não se pode deixar de lamentar, não se reflete simplesmente a uma deficiente vida de fé, mas às consequências de uma transformação das condições da fé, do percurso que vai "de uma sociedade em que era praticamente impossível não crer em Deus a uma sociedade em que a fé é, mesmo para pessoas especialmente religiosas, tão somente uma possibilidade como muitas outras"[21].

Na opinião de Taylor, esse percurso coincide com a formação de um "humanismo autossuficiente". Significa uma atividade que não aceita metas que transcendam o bem-estar humano nem fidelidade a qualquer instância além do desenvolvimento humano. Esse humanismo nega a necessidade e a relevância da transcendência para a realização e da vida humana. Pela primeira vez na história da humanidade essa atitude se transformou em opção não só para círculos pequenos e elitistas, mas também para grandes grupos[22]. Embora a "secularidade não coincida com esse humanismo autossuficiente e excludente da transcendência, existe entre ambos uma conexão decisiva; quer dizer, para Taylor, uma era secular se caracteriza precisamente pela possibilidade de já não se ter em conta qualquer meta que esteja além do bem-estar dos homens: "Secular é aquela época em que se torna concebível o

---

20 Ibid., p. 14.
21 Ibid., p. 15.
22 Cf. ibid., p. 41-45.

declínio de todas as metas que transcendem a prosperidade humana. Ou melhor, para muitas pessoas, essa decadência pertence ao âmbito das condutas imagináveis. É essa a conexão decisiva entre a secularidade e o humanismo autossuficiente"[23].

Depois de todos os processos de transformação que conduziram ao aparecimento da "secularidade" moderna, a nossa concepção do mundo, do "universo", não é inequívoca. Ela pode se fechar a todas as noções de ordem e de significado ou também pode representar o lugar de pujantes significados espirituais. Porque, se esses forem negados, tudo acabará num cientificismo estreito e inculto. Mas se permanecermos abertos a tais significados, isso poderá se concretizar de várias maneiras; por exemplo, em forma de espiritualidade ou como caminho para a experiência de Deus e da fé. Mas quem percorre o primeiro caminho e nega todo o significado espiritual pode viver de fato num mundo que parece anunciar, por toda a parte, a ausência de Deus. Então vive-se em absoluta escuridão; é um universo no qual pode-se experimentar uma verdadeira impiedade, no qual as pessoas anunciam a ausência de Deus; referem-se a um mundo puramente fechado em si próprio e cortam a sua relação com a transcendência.

Nesse horizonte de experiência torna-se sumamente importante que, como cristãos, nos interroguemos sobre Deus. Isso porque a secularidade constitui o contexto de intelecção em que acontecem as nossas experiências morais, espirituais e religiosas; nossa busca de transcendência e o nosso voltar para o divino. Nesse contexto, para uma Igreja que ousa sair em missão é indispensável, antes de tudo, "manter aberto" corajosamente o céu e não permitir que se cale a pergunta sobre Deus.

---

23 Ibid., p. 44. A análise de Taylor é o propósito ambicioso de descrever pormenorizadamente as causas históricas dessa mudança.

3.4 Coragem para falar de Deus

O fundamento de nossa fé é Deus. Se esse fundamento deixar de ocupar o centro de nossa vida perderemos nossa base de sustentação. Em nossa época o discurso sobre Deus é bombardeado de muitos modos. Hoje vivemos uma situação paradoxal e ambivalente: há pessoas que tiram Deus de sua consciência, outras o utilizam para interesses pessoais.

Se quisermos dar uma resposta adequada aos desafios da secularidade deveremos estar preparados e aprofundados em nossa esperança cristã (cf. 1Pd 3,15). Concretamente, isto significa que a pergunta principal sobre a fé, sobre o problema de Deus, deve voltar a ocupar o centro de todos os debates[24]. Chegou a hora de falar de Deus num mundo em que Ele já não tem lugar e de abrir espaços para a transcendência no mundo. Devemos trazer para a luz com nova clareza a ideia de Deus, libertada de todas as falsas noções que abusaram da sua verdadeira noção.

Deus não é uma de muitas realidades; mas, sim, é a realidade que tudo determina. É o Uno de quem procede o múltiplo. Nele convergem todas as linhas da vida e do pensamento. Em última análise, entre a fé e a razão não há contradição, e isso deve se tornar conhecido em nossas ações e palavras.

Os cristãos devem estar dispostos a travar com o mundo um diálogo intenso sobre os temas centrais da fé cristã. Aqui não se trata de aspectos de segundo plano, mas das questões fundamentais da vida humana: Qual é o sentido da vida? De onde viemos e para onde vamos? Por que o ser humano deve agir moralmente? O que é liberdade e qual é o fundamento que possibilita a verdadeira liberdade? O que significa a redenção e a consumação? E a ressurreição e a vida eterna?

---

24 Cf. AUGUSTIN, G. (ed.). *Die Gottesfrage heute*. Friburgo, 2009.

As pessoas em processo de busca só aceitarão entrar em diálogo conosco sobre a salvação se nós cristãos verdadeiramente tivermos respostas convincentes às principais perguntas do homem[25]. Para que as pessoas de boa vontade percebam a nossa fé é necessário que lhes seja possível reconhecer que a fé cristã nada mais faz do que responder às perguntas sobre a condição humana em relação a Deus. O verdadeiro sentido da vida se tornará conhecido quando pensarmos e vivermos a partir de Deus e para Ele.

Quem põe Deus no centro também tem energia para advogar em favor dos seres humanos. Em contrapartida, ao negar Deus, o homem também perde a sua verdadeira grandeza; e, sem a fé, na qual ele se reafirma como imagem de Deus, sua dignidade humana fica privada. Por isso, depende unicamente de nós iniciar um diálogo com a cultura do mundo secular sobre a força que molda e ilumina a fé. Uma fé em Deus, forte e cheia de confiança, libera energias para um compromisso corajoso em favor das pessoas. Pois a necessidade de que a fé dialogue com o mundo tem o seu fundamento na encarnação de Deus. O estabelecimento de um diálogo de vida, desenvolvido na verdade e no amor, pode mostrar que a Modernidade não conduzirá necessariamente à perda de fé e à indiferença moral.

A longo prazo o futuro da Igreja será decido, única e exclusivamente, sobre a questão de Deus, e não sobre qualquer questão social ou de política eclesial. Um olhar não preconceituoso para a realidade do mundo realmente existente nos leva a buscar uma realidade mais além, a algo maior e transcendente. Como posso configurar adequadamente a minha vida? Como posso experimentar, nela, integridade e salvação? Esse anseio é o fundamento humano da fé. Por isso, deve-se ter sempre presente que Deus, e só Ele, é a resposta da Igreja às perguntas humanas. Todas essas

---

25 Cf. SIMON, L. & HAHN, H.-J. (eds.). *Europa ohne Gott* – Auf der Suche nach unserer kulturellen Identität. Witten, 2007.

respostas devem ser pensadas a partir de Deus e dadas em relação a Ele. Se a Igreja se esquecer de sua obrigação mais específica – ou seja, de ser procuradora e testemunha de Deus – e, em vez disso, ter a pretensão de resolver todos os problemas sociais, exigirá demais de si mesma. Uma pastoral unilateralmente antropocêntrica tornará irreconhecível a essência da Igreja, e só quem estiver junto de Deus poderá estar realmente junto dos outros. Já é tempo de se adotar na Igreja uma postura teocêntrica.

Deus é a realidade que determina tudo e, por conseguinte, a mensagem central da fé cristã. A Igreja vive para a maior glória dele; tudo o que faz deve servir para aumentar a glória de Deus e glorificá-lo. Por isso é que a Igreja pode ser sal da terra e luz do mundo justificando o seu dever de configurar este à vontade divina.

A pergunta sobre Deus sempre coincide com a pergunta do homem sobre Ele. Quando o homem se esforça em expor a sua concepção de Deus, a fé cristã revela a grandeza e a dignidade humanas, como também sua pobreza e precariedade existencial. Por isso, o relacionamento com Deus é condição indispensável para o relacionamento com outras pessoas. Nosso compromisso com as pessoas se estabelece nas respostas às perguntas: Deus existe? Se a resposta for positiva: Quem é Deus? Como é? Como o ser humano pode experimentar seu amor e sua misericórdia? Se não respondermos a essas perguntas não vale a pena fazer mais perguntas sobre as atividades eclesiais. "Na realidade, o seu centro e essência é sempre o mesmo: o Deus que manifestou o seu amor imenso em Cristo morto e ressuscitado" (EG, 11).

Se Deus não for o centro da Igreja o homem torna-se nela a medida de todas as coisas. Mas, então, o que acontecerá? O que tentaremos preencher com o nosso ser o vazio que surgirá. Assim, os problemas humanos açambarcarão toda a nossa atenção. Quando tudo gira à nossa volta, perdemos a orientação e já não conhecemos a medida nem o centro. Quando o eu é o primordial, o egoísmo torna-se a força determinante e orientadora. Já não é o encargo recebido pela Igreja o que mais conta; antes, sim, a luta pelo poder e a mentalidade competitiva dominam o ambiente e escurecem a força de irradiação da mensagem. O Papa Francisco chama-nos a superar urgentemente a ciranda de andarmos ao redor de nós mesmos e levarmos as pessoas a descobrirem Deus em suas vidas.

Onde Deus ocupa o centro e é glorificado vigoram os critérios dele. Então, poderemos ver os problemas humanos sob outra perspectiva. A mensagem do anjo por ocasião do nascimento de Jesus é atualíssima para a Igreja: "Glória a Deus nas alturas e paz na terra aos homens por Ele amados" (Lc 2,14).

Talvez pareça óbvio situar Deus no centro de nossa fé e da vida cristã, mas temos de nos perguntar se essa obviedade é realmente vivida em nosso pensamento e ação pastoral. As pessoas percebem a presença de Deus em nós? Concentramo-nos no essencial ou as árvores nos impedem de ver a floresta? Pôr Deus no centro significa deixar claro que o mais importante na Igreja é, antes de tudo, a vida eterna, a salvação integral de todos os seres humanos.

Na atualidade, também vivemos na Igreja certo ceticismo em relação a Deus e à fé. A razão disso seria a nossa falta da experiência de Deus? O silêncio de Deus – ou, talvez, o silêncio sobre Ele – em nossa época e a incapacidade de falar sobre Deus provavelmente tenha como causa a Igreja dar pouco espaço para a experiência com Ele. No entanto, é precisamente essa experiência que constitui a base da evangelização, mediante o anúncio da mensagem de vida. Porque, desde os tempos apostólicos se afirma que só podemos transmitir o que recebemos: "Quanto a nós, não podemos deixar de afirmar o que vimos e ouvimos" (At 4,20).

Dar testemunho de Deus, anunciando-o como amor infinito, é o primeiro passo decisivo no caminho da evangelização. Para podermos descobrir a essencialidade desta tarefa devemos experimentar a sua amorosa presença como fonte de energia. Também na dolorosa experiência da ausência de Deus é de capital importância que suportemos, confiada e esperançosamente, esse fato. Sentir a falta de Deus já é um sinal do anseio por Ele. A experiência intensa de Deus é a motivadora força motriz de uma Igreja em saída.

Onde estiver Deus haverá futuro; aí reinará a confiança que nasce da fé. A miséria de numerosos personagens de nossa época reside na dúvida permanente e paralisante sobre a possibilidade de encontrarem a Igreja ideal nas Igrejas particulares. Muito frequentemente, só vemos os problemas e as dificuldades das pessoas que formam o rosto visível da instituição eclesial. Por isso, vemos os problemas humanos da Igreja através de lente de aumento, falando muito sobre os estados de alma humanos e pouco sobre Deus. Se, ao contrário, dirigíssemos nosso olhar para Deus não precisaríamos nos deter nos erros e debilidades de quem temos à nossa frente. Naturalmente, o olhar para Deus não é desculpa para fecharmos os olhos e omitirmos os problemas existentes; mas nos dá a serenidade necessária para abordarmos com liberdade interior os problemas humanos existentes na instituição Igreja.

Não se pode negar que, entre as pessoas com quem convivemos, é cada vez maior o número daquelas para quem a fé se torna indiferente e negam a ideia de Deus. As pessoas que dão rosto à Igreja não podem ignorar esse fato. Como todos somos sabedores disso, cabe-nos a perguntar: O que posso fazer para modificar ou abrandar essa situação? As sugestões do Papa Francisco podem nos abrir um novo horizonte (cf. EG, 76ss.).

A pergunta sobre Deus é atualíssima para toda pessoa que busca o sentido da vida. A ideia de Deus une não só as pessoas religiosas de todos os tempos, mas também os não crentes e os ateus, dado que estes se definem por sua rejeição da fé em Deus e por se constrastarem às pessoas crentes. Se, em determinado sentido, a pergunta sobre Deus une todos os seres humanos e as respostas que encontram desempenham um papel decisivo na sua vida, nós cristãos temos boas razões para pôr a ideia de Deus no centro da vida eclesial.

Se a pergunta sobre Deus é a alma da fé e sobre o sentido humano, e se ela é fundamental para toda a existência humana, então a ideia de Deus constitui o verdadeiro lugar para o qual todo cristão e toda a Igreja são chamados. O ser cristão se baseia na busca de Deus e no anseio por Ele. Se a pergunta sobre Deus desempenhar papel fundamental na vida e na ação de cada pessoa religiosa, terá relevância para a Igreja; não será superficial, mas profunda; não será parcial, mas integral; não será ocasional, mas contínua; não será suplementar, mas permanente e determinante.

Embora a Igreja, consoante à sua autocompreensão, seja um lugar privilegiado da presença e da atividade de Deus no mundo, isso não significa que nós cristãos possamos dar por encerrada a pergunta sobre Deus e deixemos de procurá-lo. Devemos nos esforçar para obter uma imagem sempre mais nítida de Deus e que corresponda ao Deus revelado na vida e na mensagem de Jesus, olhando para a origem de nossa fé: o Deus de Jesus Cristo e a autorrevelação de Deus nele.

Atualmente há sinais de que o desejo de transcendência está crescendo nas pessoas. Essa fome e sede de transcendência representam grandes desafios e, ao mesmo tempo, grandes oportunidades para a evangelização. Como cristãos precisamos abrir para as pessoas um novo acesso à dimensão do divino e lhes mostrar caminhos para a compreensão da fé, de modo que vejam claramente que o ser humano é, em si mesmo, uma pergunta à qual só o Deus uno e trino pode responder, plena e definitivamente.

A verdadeira visão humanitária se torna sustentável a longo prazo somente se for assumida na perspectiva teocêntrica. É hora de reorientar o percurso antropológico da Modernidade, no qual Deus é o centro. Todos falam do homem e dos seus problemas; mas não estaria na hora de mudar de perspectiva, vendo a condição humana sob uma nova luz? "Não se constrói um mosteiro para resolver problemas, mas para louvar a Deus no meio dos problemas" (Henri Nouwen). O que o autor dos livros de espiritualidade Henri Nouwen escreve sobre a vida monástica não valerá também, de algum modo, para a pastoral da Igreja? Se o homem tomar consciência de sua origem e de sua meta poderá ter acesso à sua essência.

A resposta sensata aos desafios de uma era secular não é o fundamentalismo cego e arrogante, nem o tradicionalismo carecido de espírito e nem o relativismo indiferente e tíbio. O testemunho cristão de Deus deve se diferenciar das múltiplas imagens feitas dele, empalidecendo-o e obscurecendo-o. O desafio permanente da evangelização radica em descobrir sempre de novo o centro e o fundamento de identidade da fé cristã e em entender e fazer dialogicamente compreensível, a partir da sua raiz, a confissão de fé em Deus como amor. Para isso, a Igreja precisa não só de teólogos que trabalhem consciensiosa e cientificamente, mas também de pastores de almas cuja pastoral esteja aberta aos tempos e orientada para a missão, assim como de cristãos que vivam a sua fé em comunidade eclesial viva. Desse modo, a Igreja poderá se tornar espaço onde todas as pessoas que se abrem à pergunta sobre Deus tenham a possibilidade de encontrar o Deus vivo do amor e da vida.

A relevância social da Igreja na sociedade atual radica justamente na retomada do problema de Deus, desenvolvendo um tratado sobre Ele e colocando-o no centro de nosso pensamento e ação. Temos de, unidos, procurar caminhos de fé e vias de acesso a ela, para sentirmos alento e força vital. Se, como Igreja, formos capazes de oferecer um testemunho alegre e esperançoso do Deus uno e trino como resposta à pergunta humana sobre o sentido, teremos dado o primeiro e mais importante passo de saída. A sorte da Igreja depende fundamentalmente da pergunta sobre Deus e da resposta que a fé lhe der; a saber, que Deus se autorrevela aos seres humanos na pessoa, na mensagem e na missão de Jesus Cristo.

4
Dar testemunho de Jesus Cristo

4.1 Ser cristão é seguir Cristo

A compreensão cristã de Deus é e está determinada decisivamente pela pessoa e pela obra de Jesus Cristo[26]. Da confissão de fé em Jesus Cristo depende inteiramente a concepção trinitária de Deus; ser cristão é seguir Cristo. Assim, todas as atividades da Igreja frutificam a partir da fé em Jesus Cristo e da corajosa confissão de fé nele. Toda a ação da Igreja ganha sentido na medida em que permite que se visibilize que Jesus Cristo é o Emanuel, o Deus para os homens e com os homens.

O Papa Francisco convida cada cristão, "em qualquer lugar e situação em que se encontre, a renovar agora o seu encontro pessoal com Jesus Cristo ou, pelo menos, a tomar a decisão de deixar-se encontrar por Ele, de procurá-lo incansavelmente todos os dias. Não há razão para que alguém pense que esse convite não é para si, porque 'ninguém está excluído da alegria trazida pelo

---

[26] Cf. AUGUSTIN, G. "Die Heilsuniversalität Christi und die Herausforderung des Christusbekenntnisses". In: AUGUSTIN, G. et al. (eds.). *Mein Herr und mein Gott – Christus bekennen und verkünden*. Friburgo, 2013, p. 628-646.

Senhor' (GD, 22). O Senhor não decepciona quem ousa, e quando alguém dá um pequeno passo em direção a Jesus, descobre que Ele já estava à sua espera de braços abertos. Este é o momento para dizer a Jesus: 'Senhor, deixei-me enganar; de mil maneiras escapei ao teu amor, mas aqui estou outra vez para renovar a minha aliança contigo. Preciso de ti. Resgata-me de novo, Senhor; aceita-me uma vez mais nos teus braços redentores'. Faz-nos tão bem voltar a Ele quando nos perdemos!" (EG, 3).

O encontro com Cristo vivo, a fonte da vida, a que o papa convida, já não é algo óbvio para a maioria dos crentes. Para explicar esse fato há seguramente numerosas razões, que podem diferir muito de umas Igrejas particulares para outras. Mas há uma pergunta que é comum a todas elas: Quem é esse Jesus Cristo com quem devemos nos encontrar?

O problema fundamental da nossa época é que, na realidade, não conhecemos Jesus. Ou não será que o esquecemos, talvez até deliberadamente? Não haveria aqui uma espécie de *"alzheimer espiritual"*, como o papa formulou em outros contextos? O que podemos fazer, como indivíduos e como Igreja, para mostrar aos homens de maneira adequada o verdadeiro rosto de Jesus Cristo? Como chegamos ao conhecimento de Cristo para podermos nos encontrar com Ele e anunciar o seu Evangelho?

4.2 Jesus Cristo: a revelação de Deus

A fé cristã não surge em virtude de uma ideia, de uma doutrina ou de um princípio; mas dirige-se à pessoa de Jesus Cristo e à relação com Ele. O núcleo de nossa fé é Jesus Cristo e a certeza de que Ele é a salvação de todos os homens. "Por isso, a confissão de fé em Jesus Cristo como Filho de Deus é uma fórmula abreviada, um compêndio que exprime o essencial e o específico de toda a fé cristã. Esta depende inteiramente da fé em Jesus como Filho de

Deus"[27]. Numerosas pessoas, entre elas também muitos cristãos, sustentam a opinião comum de que todas as religiões conduzem a Deus e que, por isso, são todas igualmente válidas. Outro ponto de vista, defendido com frequência, afirma que cada povo e cada cultura deve ter a sua própria religião.

Nessa situação, o principal desafio consiste em repensar o mistério de Cristo e certificar-se uma vez mais da relevância salvífica de Jesus Cristo para todos os seres humanos. Sem a fé na singularidade e na universalidade de Jesus Cristo para todos os homens não é razoável nem possível a saída missionária.

Quem é Jesus Cristo? Se hoje fizéssemos um inquérito entre os cristãos das nossas comunidades obteríamos, sem dúvida, respostas muito díspares. Tal como antigamente em Cesareia de Filipe, quando Jesus perguntou aos seus discípulos o que diziam os homens que Ele era, alguns presumivelmente responderiam: uma boa pessoa; uma pessoa inspirada por Deus; um gênio religioso não reconhecido; um profeta ou, talvez até, um revolucionário social. De algum modo, tudo isso está certo; mas bastarão estas respostas para que os homens se lancem nos "braços redentores" de Jesus?

Segundo o testemunho da Escritura, a fé em Jesus Cristo, com a sua pretensão salvífica universal, é "escândalo para os judeus, loucura para os pagãos, mas para os chamados, judeus e gregos, um Messias, que é força e sabedoria de Deus" (1Cor 1,23-24). Por conseguinte, a Igreja, com os crentes de todos os tempos, confessa Jesus Cristo como o Filho de Deus, não só como o personagem religioso fundador da comunidade cristã, mas também como redentor de todos os homens.

O cume da história bíblica da salvação, a encarnação de Deus em "o homem Cristo Jesus que se entregou em resgate por todos" (1Tm 2,5), aconteceu num contexto e ambiente religiosa e

---

[27] KASPER, W. *Jesus der Christus*. Friburgo, 2007, p. 245 [trad. esp.: *Jesús el Cristo*. Santander: Sal Terrae, 2013].

culturalmente plural. Em confrontação com a sua época, a tarefa do cristianismo incipiente se baseou e resumiu em apresentar a um mundo plural esse acontecimento como oferta de salvação de Deus a todos os seres humanos. O que interessa à Bíblia não é uma realidade divina abstrata, mas o Deus vivo que se revela através da sua ação na história. A Carta aos Colossenses (cf. Cl 1,15-20) e a Carta aos Efésios (cf. Ef 1,3-23) apresentam a grandiosa visão bíblica como louvor do único plano de salvação divino para todos os homens. Em sua unidade e globalidade, a Bíblia é testemunho de um processo histórico que tende a que o conhecimento salvífico do único Deus verdadeiro de todos os homens, em virtude do anúncio cristão, transborde, ultrapasse as fronteiras para o mundo não judeu.

"Deus, nosso Salvador, quer que todos os homens sejam salvos e cheguem ao conhecimento da verdade" (1Tm 2,4). O Deus Javé, uno e único, é o Deus e Pai de Jesus Cristo e, por mediação deste, o Deus e Pai de todos os homens. A salvação é oferecida a todos os seres humanos. Quem crê é participante da salvação operada por Jesus Cristo (cf. Rm 3,25-26). O Novo Testamento atesta o começo de um desenvolvimento através do qual homens de diversas culturas podem aceitar o Deus de Jesus Cristo como seu próprio Deus e dar testemunho dele.

A ideia de um plano de salvação divino que engloba todas as nações, ideia amadurecida na Bíblia, corresponde à fé na vontade salvífica universal de Deus para todos os homens. No entanto, a afirmação bíblica sobre a verdade e a salvação em Jesus Cristo não pode ser interpretada de maneira restrita, como se o próprio cristianismo já tivesse compreendido a verdade plena do mistério de salvação e, por isso, fosse a realização plena do plano salvífico de Deus. Nossa percepção e realização da confissão de fé em Cristo é provisória; contudo, essa provisoriedade histórica não tira nada de sua validade e de sua força incondicionais em relação ao plano salvífico universal de Deus. Pois, já no discurso do Apóstolo Paulo no areópago, a força universal e integradora da fé cristã se torna patente, como podemos ler em Atos dos Apóstolos: "Aquele que venerais sem o conhecer, é esse que eu vos anuncio" (At 17,23).

A fé cristã parte do fato de termos encontrado aquele que todos os seres humanos procuram, o Deus da vida e da salvação. Isto é simultaneamente dom e tarefa. Jesus Cristo é um presente que devemos transmitir. Aí radica o fundamento da missão da Igreja em todas as épocas.

A cada um de nós é dirigida a pergunta de Jesus: "E vós, quem dizeis que Eu sou?" (Mt 16,15). Jesus não quer saber o que os outros dizem dele; mas deseja uma resposta pessoal de cada um de nós. Estamos dispostos a confessá-lo, com Simão Pedro, como Filho de Deus vivo? A nossa resposta não pode ser outra senão a confissão de fé que a Igreja faz. Jesus Cristo é redentor e salvador não só dos cristãos, mas também de todos os seres humanos. Aqui trata-se de redescobrir o alcance dessa confissão de fé para ser Igreja na atualidade e para a nossa própria vida.

A confissão de fé em Jesus Cristo como redentor e salvador de todos os homens vive da fé de que Ele é o "Filho de Deus", "um da Trindade". Essa confissão de fé levanta, em nossa época, muitas perguntas: Jesus de Nazaré é realmente o Filho de Deus ou só tem esse significado para nós, cristãos, porque assim o confessamos? O que significa essa confissão perante as pretensões de verdade das outras religiões? Pode haver outros salvadores além de Jesus Cristo?[28]

A fé na singularidade da pessoa de Jesus Cristo e a fundamentação de sua relevância universal que disso deriva já não são compreensíveis para muitos cristãos nem são tampouco uma realidade que marca a sua vida e a sua fé. Atualmente, para um gran-

---

28 Para esta questão, cf. AUGUSTIN, G. *Gott eint* – trennt Christus? Paderborn, 1993.

de número de cristãos, o caráter único e definitivo de Jesus Cristo é um mito e, por isso, Ele deveria ser interpretado de modo novo e diferente. Teríamos de nos distanciar da afirmação da unicidade e da definitividade de Jesus Cristo.

De fato, a unicidade de Jesus Cristo já não pode ser entendida se não virmos nele mais do que um homem extremamente religioso, se separarmos a pessoa de Jesus do anúncio cristão de Deus. A singularidade de Jesus tem de ser procurada, em primeiro lugar, em sua relação com Deus; funda-se justamente no fato de Ele ser um com Deus. Se Deus se revelou por meio de Jesus Cristo, quem é Deus só pode ser determinado pelo acontecimento Cristo. Se Deus não promete qualquer coisa aos homens, mas que o encontro com Ele é a verdadeira salvação do ser humano, em Jesus Cristo não encontramos um salvador qualquer, mas a salvação divina em pessoa. Então, Jesus Cristo já pertence à definição de Deus e, portanto, à sua divindade, à sua essência. Reconhecer quem é Deus e como Ele se torna salvação para nós só é possível a partir de Jesus Cristo.

Na história do homem Jesus, Deus revela-se tal como é em sua essência eterna. Jesus Cristo é a autorrevelação de Deus, porque Ele próprio é Deus encarnado. Essa é a razão por que Jesus de Nazaré é singular e único. Tem razão Santo Agostinho quando afirma: "O cristão no cristão é o próprio Cristo".

Quem confunde a unicidade e a singularidade de Jesus Cristo com uma injustificada pretensão de absolutidade, querendo, portanto, prescindir delas, parece ter perdido o sentido do especificamente cristão. As afirmações teológicas sobre a relação de Deus com os homens, que se formulam nas religiões, não podem ser entendidas como categorias econômicas, culturais ou políticas, mas unicamente com categorias teológicas, e só podem ser reconhecidas e aceitas, intelectual e espiritualmente, pela graça. É claro que, nesse contexto, é preciso distinguir a verdadeira confissão de fé na divindade de Jesus daquilo que os cristãos fizeram dela ao longo da história.

Do ponto de vista cristão, não se deve dissolver a tensão fundada na relação intrínseca entre a universalidade da vontade salvífica de Deus e a singularidade do acontecimento salvífico em Jesus Cristo. Os cristãos não podem deixar de suportar essa tensão enquanto Deus não for tudo em tudo na consumação escatológica.

O destino definitivo dos seres humanos aconteceu por antecipação em Jesus, de tal modo que já não se pode distinguir da sua consumação futura. Nisso radica o fundamento da esperança cristã: o final da história, que terá lugar como consequência do reinado futuro de Deus, já se tornou realidade no presente. Se virmos as coisas a partir de Cristo, a totalidade, a salvação, a essência de tudo o que acontece e de toda a vida humana já estão decididas para sempre. É somente por isso que a fé cristã fala da revelação definitiva de Deus em Jesus Cristo.

Com efeito, a revelação de Deus em Jesus Cristo é uma antecipação do acontecimento final, que será o verdadeiro acontecimento revelador. Contudo, temos uma fundada confiança de que esse acontecimento futuro não trará nada decisivamente novo que já não tenha sido antecipado na ressurreição de Jesus. A esperança cristã consiste em que o Deus que aparecerá e será contemplado já faz, diante dos olhos dos homens, obras que manifestam o seu poder, a sua glória e a sua graça. Podemos nos encontrar com Jesus Cristo porque Ele é o Deus vivo capaz de se tornar presente no meio de nós, dando e criando salvação. Só no encontro com Ele podemos redescobrir a alegria do Evangelho, segui-lo e deixar-nos enviar por Ele ao mundo, inclusive às periferias existenciais da vida.

4.3 Encontrar-se com o Cristo vivo

Só com as nossas forças não podemos fazer com que se produza o encontro com o Senhor vivo. Ele tem de ser oferecido a cada um de nós pessoalmente e à Igreja no seu conjunto. Mas podemos preparar em nossa vida o campo para a sementeira, abrir um espaço onde Ele possa se encontrar conosco. Como poderemos dar maior profundidade à nossa relação pessoal com Ele? Como poderemos abrir acesso à sua pessoa?

Na vida diária eclesial nos referimos a Jesus como profeta, mestre, irmão e amigo. Todas essas palavras estão certas e podem dar acesso à sua pessoa. Mas não deveríamos recusar a ideia crente de que tudo isso só pode ser verdade porque Ele é Deus, o Deus da minha vida. Sem essa convicção interior, sem essa certeza na fé, tudo o que fazemos carece de uma base de apoio. Suponhamos que Jesus Cristo não tenha sido mais do que um ser humano extremamente religioso que viveu há 2 milênios. Nesse caso,

- eu poderia, com toda a certeza, pensar nesse homem e falar sobre o alcance da sua doutrina religiosa, mas Ele não poderia ter relevância determinante em minha vida;
- a Sagrada Escritura seria um testemunho da sabedoria humana do passado, mas não da Palavra de Deus, e Cristo não poderia nos falar hoje por meio das palavras do Evangelho;
- nem a Eucaristia nem a Igreja seriam Corpo de Cristo presente.

Se Jesus Cristo não fosse Deus não poderia se tornar presente hoje entre nós. Se Ele não fosse Deus não poderia atuar hoje por meio da Igreja e dos seus sacramentos. Poderíamos definir a Igreja como "sacramento da salvação" ou como *communio*, mas não seria um verdadeiro instrumento da salvação nem uma participação na comunhão com o próprio Deus. Não poderíamos ser uma comunidade de filhos e filhas de Deus se Jesus Cristo, o Filho de Deus, não tivesse instituído essa *communio*.

Aqui está bem patente onde radica o verdadeiro problema da Igreja em nossa época e mina a nossa energia missionária. Em última análise, a razão fundamental de muitas inseguranças e crises da Igreja do nosso tempo está precisamente aqui, independentemente do fato de nos referirmos a isso como crise de Deus, crise de fé ou crise da Igreja.

Só sentiremos a urgência de – e só reuniremos a força para – levar Deus aos homens e só conduziremos os homens a Ele, se crermos que o encontramos em Jesus Cristo. "André, o irmão de Simão Pedro, era um dos dois que ouviram João e seguiram Jesus. Encontrou primeiro o seu irmão Simão, e disse-lhe: 'Encontramos o Messias! [que, traduzido, significa 'Cristo'].' E levou-o até Jesus" (Jo 1,40-42). André encontrou a força para levar Simão até Jesus porque se apercebeu de quem era Jesus. Toda a saída missionária se funda e fundamenta nessa tomada de consciência.

Como cristãos individuais e como Igreja, como descobriremos a força de irradiação dessa mensagem? A resposta a esta pergunta dependem, sem dúvida, o caminho da fé cristã e a Igreja no futuro. Diretamente da resposta a esta pergunta depende também o êxito da missão e da evangelização.

Confessar Jesus como "Filho de Deus" significa crer que nele se manifestou a verdade definitiva sobre Deus, sobre o ser humano e sobre o mundo. Esta confissão primordial de fé do cristianismo também pode, hoje, mostrar-se razoavelmente como um sinal de esperança para os homens na medida em que a vida dos cristãos e a teologia cristã derem testemunho de que, à luz de Cristo, a vida das pessoas e a realidade do mundo resplandecem de modo novo e mais pleno.

Há dois caminhos para mostrar a certeza da fé cristã:
- De um lado, como está convencida do carácter basicamente não contraditório do vínculo intrínseco da única história do Deus uno com toda a humanidade, a fé pode se construir sobre o fato de que, já do ponto de vista meramente racional, é possível demonstrar que os argumentos aduzidos contra ela não são coerentes, sólidos nem suscetíveis de corroboração.
- Do outro, dado que sabe que foi salva "em esperança" (cf. Rm 8,24) e entende a realidade na perspectiva da consumação futura, a fé cristã pode, como toda a credibilidade, apresentar-se positivamente como uma experiência de realidade com sentido, uma práxis libertadora e uma força motivadora para o compromisso por um mundo melhor, mais pacífico e mais justo.

É convicção cristã que nos incumbe o dever de transmitir a esperança de salvação experimentada como um dom, porque todos os homens têm o direito de conhecer a riqueza do mistério de Cristo. Cremos que nele a humanidade pode encontrar em uma abundância inesgotável o que, inquisitivamente e por tentativas, se esforça por averiguar sobre a verdade, sobre si mesma e o seu destino, sobre a vida e a morte, e sobre Deus.

Na transmissão da fé cristã não se trata em primeiro lugar de moral e de valores, mas da relação com o Deus vivo. Cristo dá tudo e nós recebemos tudo dele. Ser cristão não é senão estar aberto a Cristo. A confissão de fé em Cristo leva-nos ao encontro com Ele. Nesse encontro reconhecemos quem Ele é [em si mesmo] e quem Ele é para nós. Esse encontro nos afeta existencialmente o coração. É essa a alegria e a força do Evangelho, que, antes de mais nada, é a pessoa do próprio Jesus Cristo; não as palavras concretas de Jesus na Sagrada Escritura, mas a totalidade de sua pessoa e obra salvífica. O próprio Jesus é o Evangelho, porque Ele é a Palavra de Deus encarnada, a mensagem de salvação de Deus a nós e para nós. Por isso, o encontro com o Evangelho a que o Papa Francisco nos convida é, ao mesmo tempo, um encontro com o próprio Jesus. No encontro com a pessoa de Jesus Cristo, a sua mensagem torna-se para nós mensagem de salvação. No encontro com Ele, as palavras da Sagrada Escritura, a mensagem sobre Ele como Filho de Deus e Redentor tornam-se para nós acontecimento e palavras de vida eterna.

Se Cristo habitar no nosso coração, então poderemos compreender o seu amor, que transcende todo o conhecimento. Devemos chegar a ser capazes de experimentar e experienciar com todos os santos a grandeza do seu amor (cf. Ef 3,18-19). O amor de Cristo conhecido e experimentado impele-nos a sair ao encontro de outros. "Porque o amor de Cristo nos compele" (2Cor 5,14).

Evangelizar significa animar as pessoas a entender o seu caminho vital como uma caminhada com Cristo e a descobrir nessa caminhada o significado de Cristo cada vez mais e sempre de modo novo. A sua presença permanente enche-nos de profunda alegria. A sua promessa de que estará junto de nós todos os dias de nossa vida suscita em nós esperança contra toda a esperança e força nos momentos de resignação; além disso, dá asas à nossa vida para nos pormos em marcha em direção a Deus.

4.4 O necessário teocentrismo da Igreja

Para termos experiência de Deus em Jesus Cristo devemos estar dispostos a superar a habitual tentação de reduzi-lo a uma pessoa da história. Jesus Cristo é Deus, Emanuel, Deus Conosco. Só esta certeza de que Ele está entre nós e caminha ao nosso lado nos dá a força necessária para perseverarmos no caminho da evangelização permanente.

A Igreja vive em consonância com o Evangelho e é relevante para os seres humanos que se entenda como comunidade de seguimento e que as pessoas percebam isso. O seguimento de Cristo não significa, em primeiro lugar, que apenas se imite o homem Jesus e as circunstâncias históricas de sua vida. O seguimento de Cristo tem sobretudo como finalidade nos tornar semelhantes a Ele, aceitando o dom de sua graça e chegando à união com o próprio Deus. Como Cristo é Deus, ao segui-lo podemos participar de sua vida divina. A relação existencial e profunda com Cristo faz do seguimento dele o que Ele realmente é: uma confluência de ação divina e de resposta humana. Essa participação na vida de Deus torna-se realidade na vida sacramental da Igreja. No seguimento crente de Cristo descobrimos o verdadeiro significado de Jesus Cristo e a relevância de sua pessoa para o ser Igreja.

O horizonte da fé é o da história universal. A unidade de Deus e a unidade da humanidade constituem a base da fé cristã. Em sua redimida relação com Deus, como seu criador, a humanidade encontra a sua própria unidade. Nisso, a mensagem cristã de salvação não está associada a uma determinada ordem política ou cultural. Não se dirige aos seres humanos como membros do povo de Deus, mas simplesmente como seres humanos. Em nossa época, na qual acentuamos a singularidade, a individualidade e a dignidade de cada pessoa, devemos, enquanto Igreja missionária, motivar as pessoas a levarem a sério e a aprofundarem sua relação com Deus. Cada pessoa deve relacionar-se pessoalmente com Cristo e com o seu Evangelho.

A Boa-nova que temos de anunciar é "o amor de Deus que se tornou visível de modo insuperável e de uma vez por todas em Jesus Cristo". Nele e através dele abre-se a cada pessoa o acesso seguro a participar na vida divina. Para aceitar a salvação em Cristo a pessoa deve iniciar uma vinculação profunda e duradoura com Jesus Cristo e ser sua seguidora. O conhecimento profundo da sua pessoa é um dom de Deus, mas corresponde à comunidade eclesial criar as condições necessárias para que Jesus Cristo seja conhecido como Filho do Deus vivo.

Como Igreja, a nossa tarefa não é anunciarmos a nós próprios, mas anunciar Jesus Cristo. As pessoas acorrem à Igreja não para obterem sabedoria humana, mas para ouvirem a mensagem salvadora e redentora de Jesus Cristo. Na medida em que conseguirmos mostrar Cristo, torná-lo audível e experienciável, a presença viva de Deus poderá ser percebida justamente na Igreja. Se as pessoas entrarem em relação com Deus e intensificarem a amizade com Jesus Cristo, também surgirá uma nova vinculação entre elas e, consequentemente, surgirá a Igreja viva. Essa vinculação com Deus criará vinculação eclesial. Sem essa vinculação eclesial a Igreja não crescerá, e o que não cresce irá diminuindo pouco a pouco e acabará morrendo.

Só Cristo pode mostrar o caminho comum em direção ao futuro. A força integradora da e na Igreja procede exclusivamente do olhar para Cristo, para o amor salvador e redentor de Deus. Só a partir desse olhar se poderá levar a cabo uma mudança na Igreja que tenha como objetivo aprofundar a fé e apreciar novamente a beleza da mensagem do Evangelho.

Diante da tarefa de transmitir o Evangelho não podemos nos concentrar em tópicos nem construir falsos dilemas: evangelização ou ajuda ao desenvolvimento, diálogo ou missão, salvação ou verdade, teoria ou prática etc. À sua maneira, tudo faz parte do conjunto da promessa cristã de salvação para os seres humanos. Na atualidade, nem as concepções, os métodos ou os pormenores são o mais relevante; o que importa é o conteúdo central da fé cristã.

Onde este conteúdo já não for inteligível e, por conseguinte, faltar a certeza da fé, crescerão a indiferença e a resignação que dela derivam. Daí que a condição fundamental para uma evangelização permanente seja um renascido entusiasmo por Deus, pelo

Deus que se manifesta de maneira concreta na vida e na mensagem de Jesus.

A existência da Igreja encontra a sua verdadeira justificação quando é percebida como lugar da ação salvífica de Deus. Se virmos o problema de Deus como a questão decisiva de nossa época, então o problema de consciência da Igreja poderá ser formulado desta forma: Conseguimos ou não apresentar Jesus em toda a sua beleza e atração, de modo que as pessoas possam pensar em Deus e na Igreja como realidades associadas? Esta é a única forma de superar o afastamento das pessoas em relação à Igreja. Somente como lugar claramente reconhecível da presença de Deus entre os homens é que a Igreja tem uma função permanente e indispensável no plano salvífico de Deus para a humanidade.

Somente na medida em que o futuro depender de nós é que terá valor esta afirmação: o futuro do cristianismo decide-se na pergunta sobre se nós cristãos cremos de coração em Jesus Cristo, a Palavra de Deus feita homem por todos, como salvador e redentor de todos os seres humanos, se o confessamos com os lábios e o testemunhamos com o nosso agir no amor. Porque não é decisivo o que os outros pensam de Jesus Cristo, mas como nós cristãos podemos responder à pergunta sobre Jesus: "E vós, quem dizeis que Eu sou?" com a mesma convicção alegre de Simão Pedro e juntamente com ele: "Tu és o Cristo, o Filho do Deus vivo" (Mt 16,15-16).

5
Entender a Igreja de Cristo

5.1 A caminho de uma reorientação espiritual

"Jesus, sim; Igreja, não!" Este *slogan* da segunda metade do século XX reflete uma atitude muito difundida. O mistério da Igreja no plano divino de salvação tornou-se estranho até para muitos membros das nossas comunidades. A "situação de diáspora" interior e exterior determina, na atualidade, a vida eclesial. A vinculação eclesial de alguns cristãos está abaixo do mínimo, se não até mesmo eles já se despediram da Igreja. Muitos cristãos se distanciam da comunidade eclesial por diversas razões, tanto pelo conteúdo dela como por razões interiores. A seriedade e propagação desse fenômeno exige de todos os que estão interessados no futuro da fé uma resposta à altura dos tempos, que vá para além da análise habitual da crise e da busca de bodes expiatórios.

Para a Igreja, mais doloroso e premente do que a crítica vinda de fora é o fenômeno da autossecularização e do autonivelamento. Como poderá brotar uma nova energia missionária se os membros da Igreja, especialmente aqueles que a representam, estiverem descontentes e, em vez de se identificarem com a Igreja concreta, viverem em contradição interior com ela? A Igreja só poderá atuar de forma atrativa e convincente se a sua realidade intrínseca for testemunhada por cristãos convictos. A reconciliação necessária com a Igreja concreta e com a sua estrutura somente será possível como processo espiritual que inclua fidelidade à mensagem cristã. Nesse sentido, a reflexão sobre a forma da Igreja não pode se ater aos esforços teológico-científicos, mas deve ser sustentada pela prática vital e crente dos cristãos como um todo. Na atualidade não faltam à Igreja visões para se configurar adequadamente aos tempos; o problema está na dificuldade de a comunidade eclesial vivenciá-las. A Igreja deve ser crida, vivida e realizada na prática dos cristãos.

Se a Igreja quiser viver a sua missão e, nela, chegar ao coração das pessoas e dos movimentos da vida, precisará não apenas de uma reorientação espiritual, mas também de perspectivas claras e inspiradas no núcleo da mensagem cristã.

Perante os múltiplos desafios atuais deveríamos nos esforçar para superar as decepções e a resignação, conformando-nos criativamente na força do Evangelho. A situação atual vivida pela Igreja exige que levemos redobradamente em conta a sua dimensão espiritual. Não podemos nos esquecer de que a Igreja é obra e dom do Espírito Santo, mas também que Ele atua em nós e através de nós. Nesse sentido, se em sua configuração a Igreja não for vivida como processo espiritual integral, ela se esvaziará, tornando-se inútil.

O que nos conduz à meta desejada é uma mudança de perspectiva: a consciência crente de que a Igreja faz parte do único plano salvífico de Deus para toda a humanidade. A percepção dessa missão deve ser aprofundada e crescer em cada indivíduo, para que a "humanidade eclesial" seja experienciada como fundada no mistério da vida de Jesus. Só então isso poderá se tornar um "assunto do coração" que determina toda a vida dos cristãos.

Em sua globalidade, as realizações existenciais cristãs têm o seu fundamento na ação do Espírito e só em relação com Ele dão os frutos esperados. A configuração da Igreja é um encargo espiritual e um desafio decorrente da percepção dos sinais dos tempos. Uma Igreja disposta a sair deve começar por se reorientar espiritualmente, a fim de ter energia suficiente para tratar como tu a (Pós-)modernidade.

O Papa Francisco convida toda a Igreja a redescobrir e a tornar visíveis uma vez mais os fundamentos da fé cristã. Se a Igreja se atrever a levar a cabo uma saída missionária, primeiro deve se perguntar a partir de que compreensão de si ela atua. Pois somente uma Igreja que sabe de onde vem, para onde vai e para que está no mundo poderá atuar eficazmente de maneira missionária.

"A Igreja é, em Cristo, como um sacramento, ou seja, um sinal e instrumento da união íntima com Deus e da unidade de todo o gênero humano" (LG, 1). Temos de permanentemente tomar consciência dessa nossa identidade. Já o Concílio Vaticano II quis "apresentar aos seus fiéis e a todo o mundo com maior precisão [a] natureza e [a missão] universal [da Igreja]" (LG, 1). O Concílio entendeu esse propósito como especialmente urgente, e a urgência dessa tarefa não decresceu até hoje, mas aumentou ainda mais.

O Papa Francisco nos recorda com ênfase a memorável afirmação do Papa Paulo VI: "A Igreja deve aprofundar a consciência de si mesma, deve meditar sobre o mistério que lhe é próprio [...]. Dessa consciência iluminada e operante brota um desejo espontâneo de comparar a imagem ideal da Igreja – tal como Cristo a viu, a quis e a amou como sua Esposa santa e imaculada (cf. Ef 5,27) – com o rosto real que hoje ela apresenta [...]. Portanto, brota de um anseio generoso e quase impaciente de renovação, quer dizer, de emenda dos defeitos que a consciência denuncia e reflete, a modo de exame interior, diante do espelho do modelo que Cristo nos deixou de si" (ES, 3)[29].

Daí que, para nós, continua sendo uma tarefa primordial ter sempre em mente a imagem ideal da Igreja tal como Jesus a quis, a

---

29 AAS, 56, 1964, p. 611-612, apud EG, 26.

fim de que possamos orientar incessantemente a Igreja atual para essa imagem, harmonizando a sua forma com ela.

5.2 A Igreja no plano salvífico de Deus

Embora existam muitos livros maravilhosos sobre a Igreja, e nos últimos decênios se tenha voltado a falar muito dela, o verdadeiro rosto da Igreja continua, infelizmente, embaçado ou ignorado. Ninguém mais pronuncia com tanta facilidade esta frase que Lutero escreveu em 1537: "Graças a Deus, qualquer criança de 7 anos sabe o que é a Igreja". Hoje, qualquer crente desejaria ser essa criança; mas o que acontece realmente é que, frequentemente, nem sequer um católico de 70 anos, ativo na Igreja, sabe dizer com exatidão a que se alude quando se fala da Igreja. Por isso, para uma Igreja que quer assumir o risco de sair, é de suma importância desenvolver, aprofundar e tornar vivamente experienciável à consciência sua essência e missão no plano salvífico de Deus[30].

Se se quiser entender adequadamente a Igreja será preciso vê-la em analogia com o mistério da encarnação de Cristo. "Pois, assim como a natureza assumida serve ao Verbo como instrumento vivo de salvação, a Ele indissoluvelmente unido, a estrutura social da Igreja serve ao Espírito de Cristo, que a vivifica para o crescimento do corpo (cf. Ef 4,16)" (LG, 8). Seguindo esse princípio, a Igreja é uma unidade complexa, composta por um elemento humano e outro divino. Consequentemente, na Igreja devemos distinguir duas dimensões, uma visível e outra invisível, não sendo possível separá-las. Se a Igreja não for experienciada como essa realidade divino-humana, o divino da Igreja permane-

---

30 Cf. KASPER, W. *Katholische Kirche*: Wesen, Wirklichkeit, Sendung. Friburgo, 2011 [trad. esp.: *Iglesia Católica*: essencia, realidad, mission. Salamanca: Sígueme, 2013].

cerá oculto para os homens e ela parecerá uma espécie de associação religiosa, de instituição beneficente ou de ONG.

Por outro lado, também poderá permanecer oculta a importância da realidade humana e social da Igreja, a contribuição do seu papel como instituição para a sua missão. Apesar de todos os seus erros, a instituição eclesial tornou acessível a fé cristã aos seres humanos desde os tempos de Jesus até hoje. Se não fosse pela instituição eclesial, a fé não estaria presente no mundo.

Só uma visão integral da Igreja baseada na verdade da encarnação pode fazer justiça a toda a realidade dela. Assim, sua missão salvífica não pode ser vista analogamente à missão de Cristo. "A Igreja, ou seja, o Reino de Cristo já presente em mistério, cresce visivelmente no mundo. [...] Todos os homens são chamados a essa união com Cristo, luz do mundo" (LG, 3). Nesta concepção, a Igreja é sobretudo povo de Deus, quer dizer, o povo que pertence a Deus – e não somente o povo que tem esse nome –, mas que tanto no seu ser como no seu agir se identifica cada vez mais profundamente com Ele. A imagem da Igreja que o Papa Francisco emprega frequentemente na *Evangelii Gaudium* é essa imagem de "povo de Deus" (cf. EG, 111s.).

Como povo de Deus, a Igreja é, ao mesmo tempo, o corpo de Cristo. "A cabeça desse corpo é Cristo. Ele é a imagem do Deus invisível e nele foram criadas todas as coisas. Ele existe antes de todas as coisas e todas nele subsistem. Ele é a cabeça do corpo que é a Igreja" (LG, 7). Não podemos separar a Igreja de Cristo nem Cristo da Igreja. Cristo ainda hoje continua a sua obra salvífica através dela, e essa atividade de Cristo faz com que a Igreja seja o que é, isto é: sacramento de salvação.

O Concílio Vaticano II explica a complexa realidade da Igreja servindo-se de várias imagens que brotam sobretudo da vida dos pastores e camponeses[31]. Numa linha de continuidade com a tradição, o Concílio descreve a Igreja não só como redil cuja única porta necessária é Cristo (cf. Jo 10,1-10), mas também como rebanho guiado e alimentado pelo Bom Pastor (cf. Jo 10,11; 1Pd 5,4). É o campo de Deus (cf. 1Cor 3,9), a vinha por Ele plantada. A verdadeira vinha é o próprio Cristo, que dá vida e fecundidade aos ramos, quer dizer, a nós, os crentes, que, através da Igreja, permanecemos nele e sem Ele nada podemos fazer (cf. Jo 15,1-5).

A Igreja é o edifício levantado sobre o fundamento dos apóstolos: casa de Deus em que habita a família de Deus; morada de Deus no Espírito; tenda de Deus plantada no meio dos homens. Esse edifício é entendido sobretudo como templo do Espírito Santo, como lugar onde reside e atua o Espírito de Deus.

A Igreja se caracteriza, além disso, como esposa do Senhor e, por ser esposa de Cristo, também como mãe (dos cristãos). O Papa Francisco emprega uma imagem comovente, que chega ao coração: a concepção da Igreja como mãe com o coração aberto: "A Igreja 'em saída' é uma Igreja com as portas abertas" (EG, 46). Uma casa paterna onde há lugar para todos, cada qual com a sua vida árdua. "A Igreja é chamada a ser sempre a casa aberta do Pai" (EG, 47).

A Igreja é o lugar das relações vividas, primeiro da relação com Deus e, depois, da relação com outras pessoas. Se entendemos a Igreja como família de Deus, essa família pode se tornar um lugar de aprendizagem da fé. Tal como em uma família humana, também na Igreja devemos tolerar as diferenças, nos apoiarmos mutuamente e termos em mente um objetivo comum. Nisso se visibiliza a comunhão e a solicitude recíproca na comunidade eclesial. O Papa Francisco fala de uma nova rede de fraternidade na Igreja (cf. EG, 155).

---

31 Para o que se segue, cf. LG, 6.

O fundamento dessa família irmanada é a vocação dos crentes. Jesus chamou os seus apóstolos e discípulos, não separada, mas conjuntamente, para que formassem com Ele, Cristo, uma única família e fossem participantes do Espírito Santo. Mas o Espírito de Deus sempre cumula abundantemente a Igreja com os seus dons. Mediante o Espírito, Cristo suscita nela diversos ministérios especiais com a finalidade de edificar o seu Corpo. Desse modo, a família de Deus está sem cessar em construção e em crescimento. Pois, se não crescer, morrerá.

Nesse contexto, o Papa Francisco acentua que "a Igreja é mãe e prega ao povo como uma mãe que fala a seu filho, sabendo que este confia que tudo o que ela lhe ensinar será para seu bem, porque se sabe amado" (EG, 139). O modelo dessa Igreja é Maria. Ela é o protótipo da fé, porque viveu a relação mais profunda com Jesus. Nas diferentes fases da vida de seu Filho teve de, algumas vezes, dizer sim ao caminho percorrido por Ele. Assim, Maria é modelo e indicadora do caminho na fé. Convida-nos a percorrer consigo o caminho que leva a uma relação pessoal com o seu Filho. Esse convite é dirigido a toda a Igreja e a cada cristão em particular: ouvir a Palavra de Deus como Maria, de tal modo que essa Palavra ganhe forma em nós e possamos transmiti-la. Essa é a dimensão mariana da missão da Igreja: preparar o caminho para Cristo, para que possa ganhar forma e oferecer-se ao mundo.

A Igreja exerce a sua maternidade principalmente através dos ministérios especiais: presenteia-nos com um novo nascimento no Sacramento do Batismo, alimenta-nos com a Palavra de Deus. Prepara para nós a mesa da Eucaristia e nos fortalece com a força do Espírito Santo nos desafios espirituais de nossa vida. Ela nos acompanha, com a sua solicitude pastoral, no nosso crescimento na fé e, no Sacramento da Reconciliação, nos devolve aos braços do Pai.

A maternidade da Igreja transforma os crentes em filhos e filhas de Deus. A mãe Igreja dá aos seus filhos plenitude e calor, saciando-lhes a fome e a sede espirituais. Ajuda-lhes a carregar diariamente as cruzes, grandes e pequenas. Como mãe, a Igreja sara os feridos, consola os débeis e anima os fortes a fazerem com que a sua força redunde em benefício dos fracos.

Quando falamos da maternidade da Igreja devemos nos interrogar no sentido abordado pelo Papa Francisco: Hoje, em que ponto a mãe Igreja está doente? Para a maioria das pessoas, as palavras e as imagens respigadas da fé católica já não são simplesmente evidentes. A Igreja apenas se torna mãe quando se abre à novidade de Deus, à força do seu Espírito. Se a Igreja, à maneira dos pelagianos, confiar única e exclusivamente em si mesma, querendo fazer tudo a partir de si, acabará por se tornar infecunda. Se a Igreja acreditar que, sozinha, será capaz de tudo, a sua ação será estéril.

A Igreja é mãe, em primeiro lugar, porque, tal como Maria, oferece Jesus Cristo aos seres humanos. Onde crescer o amor a Jesus aí ganhará vida a Igreja de Jesus Cristo. Se as estruturas eclesiais não visibilizarem Jesus Cristo, então de nada servirão para o Evangelho. Por isso, é de importância capital as estruturas eclesiais se desenvolverem a partir do espírito do Evangelho e serem animadas pelo Espírito de Deus. "Há estruturas eclesiais que podem chegar a condicionar um dinamismo evangelizador; igualmente as estruturas boas servem quando há uma vida que as anima, as sustenta e as julga. Sem vida nova e autêntico espírito evangélico, sem 'fidelidade da Igreja à sua vocação', qualquer estrutura nova se corrompe em pouco tempo" (EG, 26).

Para esse reajuste das estruturas eclesiais precisamos de uma reorientação espiritual, tendo como base a relação entre Cristo e a Igreja.

5.3 Consenso espiritual sobre a Igreja

A Igreja, como comunidade dos crentes, abarca a fé como um todo e, por sua vez, é determinada por ela. Daí que as diferenças na compreensão da Igreja não se limitam à dimensão eclesiológica nem, como regra geral, podem ser abordadas isoladamente. Pelo contrário, diferentes concepções de Igreja atravessam não só toda a teologia, mas também a vida eclesial.

Na atualidade existem profundas diferenças eclesiológicas e, no fundo, até a própria Igreja se encontra dividida. Isso vale tanto para a forma concreta, visível e viva da Igreja, para as suas estruturas exteriores como também para os seus ministérios e sua relevância teológica. Muitos crentes não sabem o que é realmente a Igreja. Dada a diversidade de imagens e de modelos, são apropriados novos sentidos e essência da Igreja.

Existe o perigo incessante de que, em virtude da acentuação unilateral de determinadas imagens eclesiológicas, a realidade da Igreja fique obscurecida e seja distorcida sua verdadeira essência. Assim, por exemplo, a imagem de "povo de Deus" pode propiciar que ela passe a ser entendida somente como "povo" (sem Deus) e, por isso, seja reduzida aos aspectos sociais e estruturais da imagem. Ou a imagem da Igreja como "corpo de Cristo" pode levá-la a ser vista unicamente como "corpo" e, portanto, reduzida aos aspectos orgânicos e místicos dessa imagem, que, como "corpo de Cristo", só é compreensível se Cristo e a Igreja forem vistos como "cabeça" e "corpo". Todas as imagens devem ser entendidas na perspectiva da verdadeira essência do mistério da Igreja: a comunhão (*communio*) dos seus membros com Deus e de uns com os outros. A Igreja é o corpo em que a cabeça, Cristo, prossegue a sua obra salvífica até o fim dos tempos, a fim de levar os seres humanos à comunhão com Deus e de uns com os outros; por isso, a Igreja é o lugar da verdade e da justificação dos seres humanos: "Fazer da Igreja a casa e a escola da comunhão é o grande desafio que nos espera neste milênio, se quisermos ser fiéis ao desígnio de Deus e corresponder às expectativas mais profundas do mundo" (NMI, 43).

Sem se redescobrir a relevância decisiva da Igreja para a perspectiva temporal, e sobretudo para a perspectiva eterna de uma vida crente, não será possível revelar aos fiéis a necessidade da forma eclesial da fé. Por isso, os esforços de reforma só poderão dar os frutos esperados se, nesse processo, se começar por compreender mais profundamente não só a relevância supratemporal da Igreja de Jesus Cristo como a sua figura temporal, mas também a pergunta sobre os seus critérios, as suas estruturas necessárias, as suas formas e ministérios, com o objetivo de que a comunidade eclesial, no seguimento de Jesus Cristo, possa cumprir a sua missão de maneira adequada aos tempos. Se reduzirmos a Igreja à sua função social, apenas se perceberá nela a sua humanidade. Em contrapartida, quanto mais penetrarmos no mistério de Jesus Cristo, tanto mais nos será revelado o mistério da Igreja em sua unidade divino-humana, sempre em tensão. A pergunta sobre o papel da Igreja para a salvação dos seus membros e, consequentemente, sobre a medida da mediação eclesial, só poderá ser respondida se superarmos uma visão predominantemente horizontal da Igreja e percebermos com maior intensidade o seu caráter sacramental. Do fato de a Igreja ser "sacramento universal de salvação" decorre a obrigação de esclarecer concretamente de que modo ela é um sinal e instrumento eficaz no plano divino de salvação.

À maneira de confissão ecumênica, da essência da Igreja fazem parte a sua unidade, a sua santidade, a sua catolicidade e a sua apostolicidade: "Cremos na Igreja, que é una, santa, católica e apostólica". Somente nesse contexto global podem ser representadas e experimentadas a verdade e a beleza da Igreja de Jesus Cristo. Só penetrando, existencial e espiritualmente, na verdadeira realidade da Igreja é que o amor pessoal pelo mistério da Igreja no plano divino de salvação poderá crescer. Somente esse amor nos outorga a capacidade de avaliar com realismo a realidade da Igreja e de orientar a sua forma em consonância com a vontade de Cristo.

A condição decisiva para uma concepção comum da Igreja é a consciência de que a Igreja visível faz parte do único plano de salvação de Deus em Cristo para todos os seres humanos, embora inicialmente todos eles compartilhem essa convicção de fé. É tarefa espiritual permanente de todos os crentes aceitarem existencialmente essa missão universal da Igreja, apresentá-la de modo esclarecedor e testemunhá-la de tal forma que seja experimentável.

5.4 A unidade da Igreja

Reconhecer o papel da Igreja no plano divino da salvação e apropriar-se dele interiormente não é um acontecimento pontual e meramente doutrinal, mas um elemento de interação viva entre a fé vivida e a fé procurada no quadro da evolução espiritual. Esse processo de interação entre a fé vivida e a fé procurada cria as condições necessárias para o crescimento da Igreja. Porque a vida de fé é, de forma absolutamente basilar, um processo espiritual de crescimento em que, sob a orientação do Espírito Santo, o crente se enriquece e aprofunda a fé. Além disso, deveríamos entender a configuração da Igreja como um processo espiritual que abarca todas as dimensões da vida cristã. Isso significa que temos de penetrar existencialmente na verdade da fé e nos apropriarmos da essência e da verdade da mensagem cristã de tal forma que caracterizem e transformem toda a nossa vida. O objetivo é que a confissão de fé se torne uma realidade existencialmente experimentável. É claro que a fé assim interiorizada é uma tarefa permanente que esperamos realizar na medida em que a praticamos.

Mas quando não se tem essa espiritualidade, em todos os esforços de reforma só se consideram as questões estruturais, as diferenças teológicas e os preconceitos. E, como fatores extrateológicos distorcem e obscurecem em grau especialmente elevado a nossa ideia da verdadeira forma da Igreja, temos de estar dispostos ao discernimento de espíritos. Só em virtude dessa disposição, que se enraíza na prática de uma fé viva, é que podemos reunir a força espiritual necessária para não perder de vista, na vida e na prática de fé, a meta comum, apesar das diferenças e das divergências de opinião.

O Espírito de Deus pode nos conceder a força necessária para transformar "o humano, demasiado humano" e superar as diferenças que existem entre nós em busca de uma expressão do Evangelho e da Igreja que brote do centro da fé e seja teologicamente responsável. É necessário ter uma grande força espiritual para renunciar a uma parte da história pessoal e da sua pequenez e adquirir uma identidade cristã maior e mais abrangente. Esse propósito dará os frutos desejados se extrair a sua energia do testemunho dos crentes. Só o testemunho vivido está em condições de ultrapassar fronteiras e suscitar confiança.

A busca de uma forma da Igreja para a nossa época é necessariamente um caminho espiritual pelo qual redescobrimos, libertos e serenos, a raiz da fé e buscamos uma prática fiel da mensagem cristã. Então, o caminho eclesial torna-se um acontecimento de conversão e de renovação interior que segue o modelo das origens da Igreja de Jesus Cristo, pois a falta de reconciliação intraeclesial não se refere, por exemplo, a afirmações de fé concretas, mas antes a corações concretos. Contudo, a verdadeira reconciliação acontece pela força do perdão outorgada pelo Espírito Santo. Só no espírito da misericórdia, do perdão e da reconciliação é que podemos fazer com que se manifeste a verdadeira forma da Igreja. Esse processo inclui o entendimento mútuo sobre as experiências de cada crente com a fé em Jesus Cristo, a piedade cristã vivida, o testemunho experienciável e a diaconia cristã. Dele também fazem parte a sensibilidade espiritual e a disposição para tolerar a convivência de diferentes experiências de vida e de fé, vinculando-as entre si, e para integrar diferentes visões da fé adotando-as em sua própria prática devocional.

Esse processo espiritual exige de todos nós uma amplitude de coração e uma força espiritual interior. Trata-se, indubitavelmente, de uma caminhada difícil e incômoda, mas frutuosa a longo prazo. Porque, para uma Igreja em saída, o que é decisivo é a fidelidade verdadeira ao Senhor e à sua Igreja. Na medida em que vivemos em comunhão com Cristo; na medida em que vivemos do seu amor, que misericordiosamente nos acolhe e purifica todos, também podemos ser fiéis ao Evangelho e estar ao mesmo tempo abertos aos desafios de nossa época.

A conversão do coração e a santidade de vida são a alma da Igreja. A oração faz parte imprescindível disso. Ela só é expressão autêntica dos laços que unem os crentes em comunhão, mas também realização da vocação comum de todos os cristãos de glorificar a Deus. Além de fundamentar-se na glorificação comum de Deus, a Igreja, através desta, torna-se sem cessar mais profunda e inclusive se consuma já em modo de sinal. A configuração da vida espiritual é uma ocasião única não só para aprofundar a espiritualidade cristã comum, mas também para fomentar o entendimento recíproco e o crescimento da comunhão espiritual. Condição indispensável para que uma vida espiritual em comum possa ter êxito é que os cristãos deem valor às suas riquezas espirituais e se regozijem nelas.

Se os cristãos se interrogarem sobre a forma da Igreja – não apenas estrutural, mas também existencialmente – então poderemos compreender a resposta em toda a sua profundidade: o Deus trinitário, que em si é sempre intimíssima comunhão pessoal, volta-se para a sua criação e institui comunhão. Convida cada pessoa, em sua singularidade, a entrar em comunhão com Ele e, através dele, também com outras pessoas; comunhão que, na participação na vida divina, significa plenitude de vida para todos. O Deus uno e trino nunca age de outro modo que não seja na comunhão das três Pessoas divinas; por isso, a sua ação sempre institui, também, comunhão. Aí se baseia a razão mais profunda do fato de a Igreja, enquanto comunidade dos crentes, não poder ser entendida como mera associação de pessoas para melhor defesa e imposição dos seus interesses, mas tem de ser vista como ação salvífica de Deus no mundo. Em virtude da obsequiosa graça divina, os seres humanos chegam à fé e se unem numa nova comunhão na fé. A fé e a vida, a partir da fé, são efeitos da graça de Deus. A comunhão dos crentes entre si é um dom dessa graça. Por isso, a fé católica concebe a Igreja como comunhão das pessoas operada por Deus e concebe a si própria como "sacramento", como sinal visível da graça de Deus.

A unidade dos que creem em Cristo já está prefigurada na união do Filho com o Pai: "Que sejam um como nós somos um" (Jo 17,22). Os crentes são incorporados na união entre o Pai e o Filho no Espírito Santo. Assim como o Deus Pai e o Filho estão unidos no amor mais íntimo, também os crentes devem permanecer unidos no amor com Deus e entre si. Trata-se de uma comunhão viva com Deus e de uns com os outros que é recebida como dom. Para que todos sejamos um "Como Tu, Pai, estás em mim e Eu em ti" (Jo 17,21), essa unidade em Deus é um dom da graça divina que quer ser acolhida e desenvolvida por nós na vida.

Deus presenteou o mundo com a Igreja, como comunhão fundada na própria unidade divina à maneira de sacramento da unidade, porque quer a unidade dos seres humanos; nessa unidade ganha forma toda a profundidade e plenitude do seu amor. É para isso que se dirige o anseio da verdadeira Igreja, e o seu cumprimento é efeito da graça do Espírito Santo. Colaborar nessa realização do plano salvífico de Deus é a nossa resposta crente à chamada e à graça divinas. É urgente e decisivo que entendamos de maneira cada vez mais profunda essa visão bíblica da Igreja: a comunhão eclesial dos cristãos é tão somente a revelação da graça em nós. Nós, crentes, somos um, porque, no Espírito, nos encontramos em comunhão com o Filho e, nele, ficamos englobados na sua comunhão com o Pai: "Compartilhamos a vida com o Pai e com o seu Filho Jesus Cristo" (1Jo 1,3). Em virtude da ação do Espírito, Jesus é o fundamento da Igreja, dado que o Espírito ensina a conhecer o Pai no Filho, porque só temos acesso ao Pai através do Filho.

Para o Apóstolo Paulo é muito importante que a diversidade dos dons do Espírito não seja motivo de conflitos nem divisões. Mas, sim, que todos devemos reconhecer que nesses dons atua sem exceção um e o mesmo Espírito, que "reparte a cada um [os seus dons] como quer" (1Cor 12,11), e todos e cada um desses dons têm de receber o respeito que merece pela sua contribuição para a edificação da Igreja. Contudo, o único critério de uma espiritualidade autêntica é a relação com Cristo e a amizade com Ele.

Somente a partir dessa convicção interior de fé de que a Igreja é sinal e instrumento da proximidade de Deus e da unidade entre os seres humanos operada pelo seu Espírito é que pode crescer nos crentes o anseio de unidade, cuja realização só é possível como acontecimento da graça. Na medida em que se trata sobretudo de uma comunidade fundada pela graça de Deus, a Igreja é única; uma unidade cujo fundamento não se pode compreender senão na fé: "Acreditar em Cristo significa querer a unidade; querer a unidade significa querer a Igreja; querer a Igreja significa querer a comunhão de graça que corresponde ao desígnio do Pai desde toda a eternidade. Este é o significado da oração de Cristo: *Ut Unum Sint*" (UUS, 9).

Por isso, a forma visível e institucional dessa unidade só pode viver no mundo em virtude do aprofundamento da fé. A Igreja tem uma relação com esta forma visível. A unidade operada pelo Espírito Santo constitui-se através do vínculo da fé e dos sacramentos. Se Jesus Cristo habita nos fiéis por mediação do Espírito, é precisamente em virtude disso que Ele é o único Senhor, que vincula os seus em comunhão na unidade do seu corpo. Mas, entre os cristãos, não existe consenso sobre a compreensão e o carácter da forma e a ordem visíveis da comunidade eclesial. Apesar da legítima diversidade, as perguntas-chave têm de continuar sendo estas: Que forma quis o Senhor que a Igreja tivesse? E através de que ordem se pode realizar e anunciar melhor a sua mensagem na atualidade?

5.5 A missão apostólica da Igreja

A Igreja é Igreja de Jesus Cristo. Como cristãos católicos cremos que ela, apesar do obscurecimento de sua verdadeira forma por causa dos erros dos seus membros pecadores, conservou e conserva fielmente a tradição das primeiras testemunhas da fé: os apóstolos. No entanto, devemos perguntar a nós mesmos se realmente exprimimos adequadamente tudo o que o Espírito confiou à Igreja através dos apóstolos. Porque a fidelidade ao legado apostólico torna a comunidade de fé a verdadeira Igreja de Jesus Cristo. Da fidelidade ao que recebemos cresce a motivação interior para amar e viver a Igreja de tal modo que todos possam identificar-se interiormente com ela. É por isso que a força da fé para confessar-se como Igreja tem tanto de dom como de missão.

A missão apostólica da Igreja impõe-lhe o dever de tornar experienciável de maneira clarificadora a certeza de fé recebida. Ela é hoje uma contribuição essencial para a evangelização. É mais fácil darmo-nos por satisfeitos com um minimalismo teológico do que praticar um humanitarismo maior e a transparência cristã, embora essas atitudes venham a ser as que futuramente contarão, como claramente realça o Papa Francisco na EG.

Quem confessar Jesus como o Cristo e segui-lo crescerá na convicção de fé de que Ele quis a Igreja, e de que ela deve a sua origem à obra redentora do Senhor. Pois somente Cristo institui na sua pessoa a comunhão entre o Deus uno e trino com os seres humanos. Edifica a sua Igreja como comunidade dos "escolhidos" (*ekklesia*). Enquanto comunidade, a Igreja não pode existir senão como obra e lugar da presença de Cristo. Na Igreja há um elemento divino, a saber: tudo o que contribui para a sua finalidade de reunir os homens e incorporá-los na comunhão de vida do Deus uno e trino. Mas também há um elemento humano, que está sujeito à transformação dos tempos. Na Igreja será uma tarefa espiritual permanente discernir entre o que nela é divino e irrevogável e o que nela é humano e que talvez se deva ao espírito de outros tempos e, por conseguinte, hoje tem de ser reformado ou adequado às exigências de uma época nova, mas em consonância com os ideais da época originária. Mas o que é que faz parte da constituição sacramental da Igreja e quais as tradições da prática crente que são fruto dos tempos e, portanto, modificáveis? Nisso, o único critério é o Filho de Deus encarnado, Jesus Cristo. Só Ele, como cabeça da sua Igreja, era e é a norma de toda a vida eclesial em todas as épocas. Isso inclui o vinculativo, o imutável e o que está sujeito à mudança dos tempos.

Jesus Cristo, de quem irradia a vida divina e a quem regressa como ao seu centro toda a vida de quem crê nele, é sempre o mesmo em todas as épocas, independentemente dos limites de linguagens, culturas e mentalidades. Contudo, há muita coisa que está sujeita à transformação dos tempos; como, por exemplo, o modo como os crentes têm acesso a Ele, como exprimem a sua vinculação com Ele e com os demais membros da Igreja, como submetem a sua vida a Jesus Cristo e vivem sob Ele como cabeça da Igreja. Entender tudo isso com maior profundidade e, em vez de ficarmos na forma pecaminosa e deformada da Igreja em cada época da sua história, permanecermos na busca da verdadeira forma da Igreja de Jesus Cristo é, sem dúvida, um processo espiritual.

Nisso é importante, sobretudo, que se consiga uma relação reconciliada com a forma visível da Igreja e com as suas estruturas. É preciso distinguir a estrutura sacramental da Igreja de suas estruturas administrativas. Estas têm uma função de apoio, para que a mensagem de Jesus possa ser realizada e anunciada da melhor maneira possível. Mas não podemos confundir essas estruturas com a mensagem propriamente dita. Se, dentro da Igreja, nos concentrarmos exageradamente nos debates estruturais, descuidaremos ou, pelo menos, obscureceremos a mensagem do Reino de Deus, e essa mensagem cairá no esquecimento. Não poderemos resolver a crise que a Igreja do Ocidente atravessa apenas com algumas reformas estruturais, pois a crise atual de fé tem a ver com a crise da Modernidade, que é mais profunda.

Uma Igreja "em saída", com fins evangelizadores, exige dos crentes uma profunda compreensão do dom da fé, que nos é transmitido pela tradição apostólica, tal como escreve Paulo: "Com efeito, eu recebi do Senhor o que também vos transmiti" (1Cor 11,23). O sentimento de respeito e de entusiasmo pela realidade eclesial só nasce da gratidão pelo que se recebeu, e essa vinculação interior à Igreja lhe confere solidez. Trata-se de crescer existencialmente num amor bem-entendido à Igreja. Não estamos falando de "uma vinculação a um sistema doutrinal abstrato, mas de uma integração num processo de tradição e comunicação ao vivo, no qual se interpreta e atualiza o único Evangelho de Jesus"[32]. A consciência de pertença à Igreja concreta é, por sua

---

32 KASPER, W. *Theologie und Kirche*. Mainz, 1987, p. 13 [trad. esp.: *Teología e Iglesia*. Barcelona: Herder, 1989].

essência, um elemento característico para se viver a espiritualidade cristã. É precisamente na pertença e na entrega à Igreja que o cristão encontra a fonte dos conteúdos de sentido e os critérios de discernimento e de ação que dão forma tanto à missão eclesial como à vida espiritual. Hoje, de fato, precisa-se de "um *sensus fidei* e de abrangente *sentire Ecclesiam*. Isto só é possível mediante a vida em e com a Igreja concreta, em e com as suas paróquias e comunidades"[33].

Se a Igreja quiser fazer justiça ao seu legado apostólico e ao seu encargo missionário, para seguir Jesus Cristo terá de fazer com que a sua função diaconal e a dos seus fiéis permaneçam visíveis. Mas essa atitude de serviço convive bem com um verdadeiro regozijo na Igreja e com a gratidão por se pertencer à comunidade eclesial. Sem essa alegria e sem a humildade de se caminhar seguindo as pegadas dos apóstolos se tornará difícil, no plano psicológico, conservar, desenvolver e renovar a vida de fé.

5.6 A universalidade da Igreja

O Papa Francisco nos convida a redescobrir a catolicidade da Igreja e a agir a partir da plenitude dessa catolicidade. Amiúde, temos uma imagem nada católica de nossa Igreja, embora isso possa parecer paradoxal. Foi-nos entregue a tarefa de sermos cada vez mais verdadeiramente católicos. A palavra "católico" deriva do grego *katholon*, que designa "o que afeta todos". A Igreja é uma casa para todos, uma casa da qual ninguém está excluído, que não trace fronteiras nem seja uma sociedade elitista. A comunidade eclesial tem de estar aberta a todos, tanto a santos como a pecadores. A fé em Jesus Cristo e a orientação pessoal da vida em consonância com a mensagem de Cristo são os critérios de pertença à Igreja.

---

[33] Ibid.

O horizonte da Igreja não pode deixar de abarcar a totalidade da história da criação e da salvação. O Deus uno e trino já atua na sua criação, instituindo comunhão. Como ampliação da comunhão intratrinitária, impõe-se que se fale de uma Igreja que habita todo o mundo criado, uma Igreja na qual e através da qual acontece comunhão com Deus, propiciadora de vida; pois, através da missão do Filho e do Espírito Santo, realiza-se, no âmbito espaçotemporal da criação e na história, o plano de salvação decidido por Deus antes de todos os tempos.

A vocação à unidade de todo o gênero humano funda-se e fundamenta-se na unidade de Deus. O arquétipo da unidade entre os homens é a unidade do Deus uno, do Pai e do Filho no Espírito Santo, na trindade de Pessoas. Só na consciência da unidade de toda a família humana fundada na unidade do Deus trino poderá acontecer comunhão na Igreja.

Condição indispensável disso é o fato de o homem tomar consciência da sua criaturalidade perante Deus, seu criador uno e trino. Então cresce em todos os seres humanos a ideia de que todos eles são criaturas dependentes de Deus e todos têm idêntica necessidade de ser redimidos. Por isso, não se deve identificar a mensagem e a fé cristãs com uma determinada cultura. Pelo contrário, a Igreja deve transcender o âmbito cultural no qual está inserida para perceber universalmente a sua missão intercultural. Se a Igreja se identificar exclusivamente com um povo concreto ou com uma determinada cultura, será inevitável que as querelas humanas e as diferenças culturais se confundam com a verdadeira mensagem. Desse modo, as separações e divisões existentes na sociedade seriam equiparadas às diferenças existentes dentro da Igreja. Em compensação, o povo de Deus deve se deixar edificar como "morada de Deus", "casa espiritual" e "templo santo", e como povo sacerdotal e santo que é, deve anunciar as maravilhas divinas a todos os povos. Entre as ações poderosas de Deus estão, em primeiro lugar, o fato de a própria Igreja, o povo uno e santo de Deus, convocado antes de todas as nações e povos, ser um sacramento indissolúvel de unidade.

A Igreja está destinada a se estender a todos os países e simultaneamente transcender as épocas e as fronteiras das nações. A unidade dos homens na comunidade eclesial de fé é sinal e testemunho da unidade do gênero humano, fundada em Deus. A Igreja é a comunidade solidária formada por aqueles em quem foi derramada a própria vida divina. Por isso, estes constituem o corpo de Cristo. Através de Cristo, cabeça do seu corpo, todos os membros estão unidos entre si e entrelaçados numa comunidade cordial. Essa comunidade solidária ultrapassa todos os limites de espaço e de tempo. Como membro unido à cabeça, cada pessoa está entrelaçada a todos os outros membros do corpo místico. Não apenas todos os destinos individuais, todos os atos de intercessão de uns pelos outros, mas igualmente qualquer rejeição de comunhão e de amor se repercutem no conjunto. Esse todo da comunidade eclesial engloba tanto a Igreja triunfante do céu, ou seja, quem já alcançou a vida eterna, como a Igreja peregrinante na terra, a Igreja que sofre e ainda espera a consumação celestial.

O horizonte da Igreja abarca o tempo e o espaço. A Igreja é enviada ao mundo inteiro para que todos os homens ouçam o Evangelho da graça e da conversão, e, desse modo, encontrem a sua salvação para glória de Deus. Todos os aspectos da vida da Igreja devem exprimir essa plenitude abrangente. Reduzi-la ao mínimo nunca levará, sobretudo numa época de insegurança, a uma identidade verdadeiramente cristã; só uma espiritualidade vivida a partir dessa amplitude católica poderá fazê-lo.

5.7 A vocação à santidade

A Igreja é chamada a ser um povo santo. Essa vocação é um encargo de renovação e crescimento espiritual que abarca a totalidade da vida cristã. Na Igreja, todos somos chamados à santidade, segundo as palavras do Apóstolo: "Esta é, na verdade, a vontade de Deus: a vossa santificação" (1Ts 4,3). A universalidade da vocação à santidade significa que a existência cristã deve ser entendida como seguimento de Cristo, como configuração com Ele, isto é deixar-se incorporar ao acontecimento da graça de Cristo. A Igreja é *communio sanctorum* (comunhão dos santos), não apenas organização, instituição ou associação de pessoas com idênticas convicções religiosas. Na forma visível da Igreja deve permanecer visível e reconhecível a totalidade da salvação, mesmo de forma provisória.

Quanto mais consciência se tiver da dignidade divina da Igreja como dom gratuito concedido por Deus, tanto mais dolorosa e premente será a discrepância entre a pretensão espiritual da Igreja e a imagem que de fato projeta. Por isso, a contínua renovação e reforma da Igreja é uma necessidade: *Ecclesia [...] sancta simul et semper purificanda*, a Igreja é "simultaneamente santa e sempre necessitada de purificação" (LG, 8). Na Igreja sempre há erros e insuficiências na vivência do Evangelho. Por isso, ela também deverá ser continuamente evangelizada interiormente, para que se manifeste não somente o valioso legado da fé apostólica, mas também a universalidade da sua missão.

É dessa missão de sinal, que remete para o Reino de Deus, que a Igreja vive, precisamente enquanto diferente dele. Além disso, ela pode ser, visando a consumação futura, lugar da presença do Espírito, no qual os crentes experienciam a certeza de serem chamados a participar na salvação escatológica. Se a Igreja é ou não acessível e experienciável como lugar da presença do Espírito, continuará sendo uma interpelação decisiva.

A vocação da Igreja de ser sinal do Reino de Deus na história é continuamente obscurecida por diversas razões. O poder do pecado pode distorcer terrivelmente o rosto da Igreja como comunidade instituída pelo Deus trinitário. Quem deseja que a comunidade cristã saia para evangelizar deve estar consciente de seu obscurecimento, por culpa de seus próprios membros, e animar as pessoas a distinguirem a mensagem das pessoas que a comunicam. Mesmo que nenhum pecado destruísse a essência intrínseca da Igreja como convite divino à comunhão, a essa verdade mais íntima poderiam se sobrepor os caprichos deste mundo. Assim, há o perigo de se assumir para a Igreja estruturas e leis de outros grupos sociais. Nesse caso, pede-se aos seus membros que se atentem à exortação do Apóstolo Paulo: não assumais os esquemas de funcionamento do mundo, "não vos acomodeis a este mundo. Pelo contrário, deixai-vos transformar, adquirindo uma nova mentalidade" (cf. Rm 12,2).

"Por esse motivo, todos os católicos precisam buscar a perfeição cristã, e cada um, segundo a sua própria condição, deve procurar fazer com que a Igreja, levando em seu corpo a humildade e a mortificação de Jesus, diariamente se purifique e se renove, até que Cristo a apresente para si mesmo gloriosa, sem mancha e sem ruga" (UR, 4). Para que o rosto da Igreja resplandeça diante do mundo, no seu verdadeiro significado e beleza, devemos configurar a nossa vida à riqueza que nos foi presenteada por Cristo. A renovação e a reforma darão os frutos esperados se as ideias adquiridas forem aceitas e realizadas na vida e na fé. É para isso que aponta o chamamento universal à santidade. A vida cristã deverá estar marcada por esta vocação, ou seja, a santificação pessoal deverá se tornar convicção dos crentes. A "pedagogia da santidade" é uma recordação permanente de que a santidade é a meta de nossa existência: "Vós, porém, sois linhagem escolhida, sacerdócio régio, nação santa, povo adquirido em propriedade, a fim de proclamardes as maravilhas daquele que vos chamou das trevas para a sua luz admirável" (1Pd 2,9). Na glorificação de Deus como centro unificador do povo de Deus abre-se, para os crentes, um novo horizonte de consumação espiritual da vida e da fé. O seu fruto é um novo entusiasmo por Deus, que une, edifica e consuma. À medida que a glorificação de Deus for vivida como centro de nossa vocação e missão, muitas questões divisórias irão sendo revistas, e outra luz e meta comum acabará nos unindo. "Fazes-nos dignos de servir-te na tua presença". Esta frase da Oração Eucarística II é a confissão da verdadeira justificação de nossa existência.

Trata-se de um processo espiritual de aprendizagem em que todos os que tomam parte nele crescem intelectual e espiritualmente. Esse caminho só se torna possível num ambiente em que existam disposição para a conversão pessoal e abertura à renovação institucional. Avançaremos pela senda da renovação na medida em que vivermos de maneira mais consciente e testemunhal a nossa condição de cristãos, que tem o seu centro em Cristo. Voltar-nos conjuntamente para Jesus Cristo e para o seu Evangelho pode nos libertar do lastro do passado e dilatar a nossa visão para que possamos vislumbrar o futuro do Reino de Deus. A Igreja só terá futuro se olhar conjuntamente para Cristo.

5.8 A opção preferencial pelos pobres

O Concílio Vaticano II não apenas ensina a ver o mistério da Igreja em analogia com o mistério da encarnação de Cristo, mas também vincula a Igreja à missão de Cristo de anunciar o Evangelho aos pobres: "Cristo foi enviado pelo Pai 'para evangelizar os pobres [...] para sarar os contritos de coração' (Lc 4,18), 'para procurar e salvar o que perecera' (Lc 19,10). De igual modo, a Igreja abraça com amor todos os atingidos pela enfermidade humana; mais ainda, reconhece nos pobres e nos que sofrem a imagem do seu fundador pobre e sofredor, esforça-se por aliviar as suas necessidades e intenta servir neles a Cristo" (LG, 8).

Na missão "em sair" ao encontro dos pobres e dos que sofrem, o próprio Jesus é o nosso modelo. O Papa Francisco nos exorta a superar a tentação de nos distanciarmos das cicatrizes do Senhor. Quando, no seguimento de Jesus, tocamos nas feridas dos pobres, é nas cicatrizes do próprio Jesus que tocamos.

Essa é uma fundamentação profunda do nosso compromisso com os pobres. Devemos deixar que Jesus nos conceda a força para servir os seres humanos. Assim, relacionamos a pobreza com a humildade existencial. Se reconhecemos e admitimos humildemente, diante de Deus, a nossa pobreza humana, a sua força nos capacita a sairmos ao encontro dos outros e realizar o nosso serviço com alegria e entusiasmo.

A Igreja fala da opção preferencial pelos pobres e desfavorecidos da sociedade, não primordialmente em sentido sociológico, mas em sentido teológico e religioso, como acentua o Papa Francisco: "Para a Igreja, a opção pelos pobres é uma categoria teológica, antes de ser sociológica, política ou filosófica" (EG, 198). A opção preferencial pelos pobres funda-se na confissão eclesial de fé na encarnação de Deus em Jesus Cristo. Jesus Cristo, que é Deus, não se agarrou à sua riqueza divina, mas fez-se homem para participar na pobreza humana e transformar essa pobreza mediante a sua riqueza divina. Todos os seres humanos são chamados a ter a mesma mentalidade que Jesus e a viver essa solidariedade divina. Isto significa que todo ser humano é chamado a participar naquilo em que Jesus o precede (cf. Fl 2,5-11).

Inspirada por esta mensagem central da fé cristã, a Igreja fez uma opção pelos pobres, que deve ser entendida como preferencial no sentido de que o amor se vive de forma concreta. O convite a sermos solidários com os pobres e necessitados não contém unicamente um apelo ao humanitarismo, mas também se trata de um encontro com Deus, pois o próprio Jesus Cristo se identifica com os pobres e os necessitados. Na Bíblia, no final dos tempos, Cristo, juiz universal, afirmará: O que fizestes a quem precisava de ajuda, a mim o fizestes (cf. Mt 25).

"Pobreza" denota o escândalo da depauperação, que clama ao céu e que o Papa Francisco pôs no centro da atenção da Igreja universal. O objetivo ético-social da Igreja em situações de miséria é inequívoco: os privilegiados da sociedade devem tomar consciência da responsabilidade que lhes compete de advogar em favor do desenvolvimento social sustentável dos pobres e desfavorecidos. A motivação para a ação deve brotar da gratidão por se ter a possibilidade de dar[34]. É um dever ético de cada pessoa erguer a voz contra um sistema econômico explorador, qualquer que seja a ideologia que o caracterize. A busca de um mundo justo e solidário não se baseia na fantasia nem na ilusão. Não é uma questão supérflua, mas uma necessidade social para evitar uma futura derrota da humanidade como consequência de distúrbios sociais e revoluções. Porque o mundo no qual não se pratica a justiça e a solidariedade terá o seu fundamento destruído.

Cada ser humano está obrigado a combater a miséria em suas múltiplas formas. Não só nos países economicamente pobres, mas também nas zonas socialmente marginais dos países materialmente ricos há numerosas pessoas que sofrem as consequências da pobreza, a insatisfação com a vida ou as consequências do abandono. Não existe somente pobreza material, que deve ser eliminada, mas também múltiplas formas de miséria entre os supostamente ricos e abastados. Há miséria espiritual por causa do esvaziamento de sentido da vida, algo que pode privar as pes-

---

34 Cf. AUGUSTIN, G. "Kirche und Wirtschaft, Kritik an den Reichen oder Ermutigung zum verantwortlichen Wirtschaften?" In: AUGUSTIN, G. & KIRCHDÖRFER, R. (eds.). *Familie* – Auslaufmodell oder Garant unserer Zukunft? Friburgo, 2014, p. 403-426.

soas da alegria. Diante desses fatos é preciso nos sensibilizarmos e auxiliarmos essas pessoas.

Contudo, na linguagem bíblica e na tradição, a palavra "pobreza" não indica somente a miséria contra a qual se deve lutar, mas também a atitude existencial das pessoas diante de Deus, a relação do ser humano com o seu criador. Nessa pobreza espiritual o homem confessa com toda a humildade que depende do seu criador. A pobreza voluntária, espiritual, como ideal cristão, implica que não se dependa de coisas materiais nem faça depender delas a felicidade. Também o rico que administra responsavelmente as suas propriedades pode ser, em sentido espiritual, "pobre diante de Deus". Por outro lado, o pobre de bens materiais pode fechar – por causa da dependência de um desejo de riqueza material que só o sufoca – o caminho para o próximo e para Deus. A pobreza espiritual como disposição existencial representa um desafio durante toda a vida, seja para o rico ou para o pobre, materialmente falando. A opção cristã pelos pobres também inclui essa atitude de pobreza espiritual.

A opção preferencial da Igreja pelos pobres é a opção por uma sociedade que tenciona fazer justiça da melhor forma possível. A justiça é o mínimo que uma pessoa deve às outras; além disso, trata-se de condição indispensável à paz social. A opção preferencial pelos pobres não implica que se ponham os grupos sociais uns contra os outros, mas que se fortaleça a comunidade, ajudando os desprotegidos e realizando em comum todos os esforços necessários para se eliminar a miséria. As necessidades básicas dos pobres devem ter prioridade máxima. Todas as medidas de política econômica devem ser avaliadas tomando como critério sua repercussão nos pobres. Para a Igreja, a opção pelos pobres é uma opção pelo ser humano e pela dignidade que lhe foi outorgada por Deus. O que conta é a abertura e o desenvolvimento integral de todos os homens. O Papa Francisco afirma claramente o que significa, na perspectiva cristã, essa opção pelos pobres: "O nosso compromisso não consiste exclusivamente em ações ou em programas de promoção e assistência; aquilo que o Espírito põe em movimento não é um excesso de ativismo, mas primariamente uma atenção prestada ao outro, 'considerando-o como um só consigo mesmo' (TOMÁS DE AQUINO. *Summa theologiae*, II-II, q. 27, art. 2). Essa atenção amiga é o início de uma verdadeira preocupação pela outra pessoa, a partir da qual desejo procurar efetivamente o seu bem. Isto implica valorizar o pobre com a sua bondade própria, com o seu modo de ser, com a sua cultura, com o seu modo de viver a fé. O verdadeiro amor é sempre contemplativo, permitindo-nos servir o outro não por necessidade ou vaidade, mas porque ele é belo, independentemente da sua aparência: 'Do amor pelo qual uma pessoa é agradável a outra depende que lhe dê algo, gratuitamente' (*Summa theologiae*, I-II, q. 110, art. 1). Quando amado, o pobre 'é estimado como tendo grande valor' (*Summa theologiae*, I-II, q. 26, art. 3), e isso diferencia a autêntica opção pelos pobres de qualquer ideologia, de qualquer tentativa de colocar os pobres a serviço de interesses pessoais ou políticos" (EG, 199). Além disso, o Papa Francisco escreve que "a pior discriminação que os pobres sofrem é a falta de cuidado espiritual. A imensa maioria dos pobres tem uma especial abertura à fé; eles precisam de Deus, e não podemos deixar de lhes oferecer a sua amizade, a sua bênção, a sua Palavra, a celebração dos sacramentos e a proposta de um caminho de crescimento e de amadurecimento na fé. A opção preferencial pelos pobres deve se traduzir principalmente numa solicitude religiosa privilegiada e prioritária" (EG, 200).

A opção preferencial pelos pobres é um estímulo para a prática da misericórdia na vida diária[35]. Uma prática da misericórdia

---

[35] Cf. KASPER, W. *Barmherzigkeit* – Grundbegriff des Evangeliums: Schlüssel christlichen Lebens. Friburgo, 2014 [trad. port.: *A misericórdia*: condição fundamental do Evangelho e chave de vida cristã. Parede: Lucerna, 2015].

em todos os âmbitos pode criar um ambiente mais humanitário e mais propício à vida. Nessa perspectiva, entendemos o que o Papa Francisco quer dizer quando afirma que deseja uma Igreja pobre para os pobres. Devemos ser pobres diante de Deus, para podermos nos identificar com os pobres. Uma Igreja que não se preocupa em girar em torno de si mesma. Porque, se apenas se mantém em seu centro, se se ocupa, antes de mais nada, com sua estrutura, e está obcecada com um conjunto de ideias preconcebidas e disputas, mais cedo ou mais tarde adoecerá. E uma Igreja doente não serve para nada.

A comunidade eclesial só será sensível para perceber as necessidades e preocupações reais dos seres humanos quando superar a sua autorreferencialidade. Aqui, não se trata de uma Igreja abstrata, mas de uma Igreja concreta. O desejo do papa de "uma Igreja pobre para os pobres" interpela cada um de nós.

Todos e cada um de nós somos pessoalmente chamados a superar o próprio egoísmo, a fim de pensarmos nos outros e estarmos a seu lado. Assim como Jesus Cristo se fez pobre por nós para nos enriquecer com a sua pobreza, assim também todos e cada um de nós devemos fazer-nos pobres diante de Deus para estarmos junto dos pobres. A relação com os pobres deve se tornar para todos nós o objetivo central, porque na pregação de Jesus são eles que ocupam o centro. O Evangelho é a Boa-nova para os pobres.

5.9 O objetivo missionário da Igreja

O anúncio do Evangelho é a tarefa primordial da Igreja. Para isso existe, disso vive e com este fim é enviada ao mundo. A Igreja não é uma realidade fechada em si mesma, mas está permanentemente aberta ao dinamismo missionário, porque é enviada ao mundo para anunciar, testemunhar, atualizar e difundir o mistério em que se funda e fundamenta. A Igreja não é um fim em si própria, mas vive da sua missão de testemunhar a unidade de Deus e do gênero humano, anunciando ao mundo atual a realidade do futuro Reino de Deus. A meta de todos os esforços de renovação é ajudar a Igreja a testemunhar a boa-nova de que em Cristo, a Palavra de Deus encarnada e feita homem, Deus se revelou como a salvação para todos os seres humanos. É tempo de a Igreja se atrever a ter e tornar Deus mais presente.

Numa época como a nossa, na qual "se perde" Deus e a ausência dele se faz sentir não só na sociedade secular, mas também e de modo crescente no interior da própria Igreja, esta tem diante de si o desafio, até agora desconhecido, de reaprender a explicar as riquezas de Jesus Cristo; a dizer quem é Deus para nós e quem somos diante de dele; quem é Jesus Cristo e o que Ele significa para nós; a dizer o que significam o pecado, o juízo e a graça; a traduzir nossa mensagem em linguagem compatível com a nossa vida e que seja capaz de suscitar esperança em nós.

Estes são os desafios que enfrentamos. Conjuntamente nos encontramos como testemunhas de Jesus Cristo diante da tarefa de uma nova evangelização. Porque a evangelização é a missão permanente da Igreja, especialmente num tempo em que as Igrejas perdem credibilidade, os seus membros se distanciam emocionalmente delas e os vínculos eclesiais se volatilizam. Diante desse grande desafio, a fé e a vida, o anúncio e a prática da Igreja não podem se desconectar, nem em sua conduta nem na transmissão da mensagem. A comunidade eclesial é essencialmente missionária; mas só poderá cumprir a sua missão se, como corpo de Cristo, não somente anunciar de maneira convincente a presença salvífica do Senhor, mas também viver essa mensagem anunciada. Porque é nela que radica a justificação da existência da Igreja visível; isto é, em tornar experienciável através da sua unidade sacramental e da sua comunhão espiritual de vida a presença de Deus que nos foi presenteada em Cristo, a fim de os seres humanos encontrarem a sua salvação para maior glória de Deus.

A finalidade da Igreja é dar testemunho da pessoa e da missão de Jesus Cristo: "Para que o mundo creia que Tu me enviaste" (Jo 17,21). Jesus faz depender, de certo modo, o reconhecimento de sua pessoa e de sua mensagem da unidade dos seus discípulos e discípulas que o seguem: "Para que [...] o mundo reconheça que Tu me enviaste e que os amaste como a mim" (Jo 17,23). Por isso, a unidade suplicada a Deus e por Ele concedida é uma incumbência confiada a todos os que estão entusiasmados com a mensagem de Jesus e o seguem. Por conseguinte, faz parte da essência cristã o compromisso com a unidade; nessa unidade dos cristãos deve ser visível a sua esperança, de modo que as pessoas que ainda não creem percebam em Jesus o amor e a bondade que Deus lhes oferece, justamente num mundo que, sabendo cada vez menos sobre ele, precisa mais do que nunca dessa mensagem.

Por isso, o momento presente exige uma nova espiritualidade missionária, na qual, enraizados no amor e nele fundados, nos apropriemos existencialmente da longitude, largura, altura e profundidade da riqueza de Cristo, para que os possam encontrar na mensagem dele o sentido de sua vida e o cumprimento de seu anseio.

A fé cristã confessa que o fundamento sustentador que une todos os seres humanos a Deus e uns aos outros é o amor. O próprio Senhor orou para que os que creem nele crescessem nesse amor: "Eu dei-lhes a conhecer quem Tu és e continuarei a dar-te a conhecer, a fim de que o amor que me tiveste esteja neles e Eu esteja neles também" (Jo 17,26). A Igreja tem de anunciar à humanidade essa mensagem divina; a sua missão consiste em conduzir os homens a Deus e a levá-lo àqueles. Contudo, não podemos dar mais do que o "humano", e isso é limitado. Portanto, se nos apegarmos a isso ficaremos decepcionados. Só Deus pode satisfazer esse intenso anseio "de mais". Os nossos semelhantes só receberão mais daquilo que podemos lhes dar – a vida eterna – se tornarmos visível o divino-humano na Igreja. Pois também faz parte da missão da Igreja criar as condições para que os seres humanos descubram Deus em sua vida. O horizonte da Igreja não é uma "mundanidade" fechada em si mesma, mas a transcendência. A Igreja deve ser sinal do céu aberto, deve tornar perceptível que ela "está no mundo", mas "não é do mundo".

A evangelização como estado permanente não é senão o esforço continuado de tornar o divino mais experienciável no meio do humano. Só uma Igreja que tenha Deus como centro vivificador, animador e motor pode sair para as periferias sem se perder. Cada cristão, como também toda a Igreja, deve assimilar o significado das palavras do Senhor no Sermão da Montanha: "Procurai primeiro o Reino de Deus e a sua justiça, e tudo o mais vos será dado por acréscimo" (Mt 6,33). A Igreja só é Igreja de Jesus Cristo quando abre o horizonte para Deus, aproximando os seres humanos da meta de suas vidas.

6
Viver hoje a Igreja de Cristo

"A pastoral em 'chave de missão' pretende abandonar o cômodo critério pastoral do 'sempre se fez assim'. Convido todos a serem audazes e criativos nessa tarefa de repensar os objetivos, as estruturas, o estilo e os métodos evangelizadores de suas comunidades" (EG, 33). O Papa Francisco gostaria que entendêssemos toda a vida eclesial como evangelização, para dentro e para fora. Uma Igreja "em saída" deve considerar todas as suas atividades na perspectiva missionária de que a missão é o desdobramento para fora da condição cristã e a evangelização é o modo de existência da Igreja.

Na nova situação global que hoje vivemos, devemos alargar o conceito tradicional de missão e entender que "a saída missionária é o paradigma de toda a obra da Igreja" (EG, 15), pois a necessidade de evangelizar é para o mundo inteiro. Nenhuma Igreja particular pode dizer que não precisa de uma nova evangelização. Na verdade, precisamos de uma mudança fundamental de perspectiva; tudo o que fazemos em nome da Igreja deve ser visto numa ótica missionária. Para isso, requer-se uma concepção integral da missão que pense conjuntamente a missão *ad extra* e a missão *ad intra*, mantendo-as unidas.

6.1 Evangelização para dentro

Evangelizar para dentro comporta a suscitação de um novo entusiasmo para o anúncio da salvação, em vez de cuidar da fachada de uma Igreja em desmoronamento. Evangelizar para dentro exige que os cristãos batizados que, por diversas razões, já não vivem a sua fé, se distanciaram da Igreja e romperam interiormente com ela, redescubram a fé e mergulhem nela. A nova evangelização deve começar no interior da Igreja de maneira individual: "Senhor, desperta a tua Igreja, a começar por mim".

No princípio está a consciência de que hoje existe uma crise de fé no interior da Igreja e que devemos fazer todos os esforços humanamente possíveis para superá-la. O ponto de partida para todas as outras ações da Igreja é que nós mesmos tomemos consciência da nossa fé.

Uma primeira condição para que isso se dê é que as pessoas eclesialmente ativas revitalizem a sua fé, se entusiasmem por Jesus e pela sua mensagem, e que, desse modo, se transformem em modelos da fé. "Apascentai o rebanho de Deus que vos foi confiado, cuidando dele não à força, mas de boa vontade, tal como Deus quer; não por lucro sórdido, mas generosamente; não como tiranos dos que vos foram entregues, mas como modelos do rebanho" (1Pd 5,2-3). Esta exortação se dirige em primeiro lugar a quem desempenha algum encargo ministerial ou serviço na Igreja. A quem se refere o papa, em primeiro lugar, quando usa a imagem do pastor que deve cheirar a ovelha? Em quem estará pensando quando exorta os teólogos a não se darem por satisfeitos "com uma teologia de gabinete"? (EG, 133). Ou a quem aludirá quando fala da necessidade de uma boa preparação da homilia, senão a bispos e sacerdotes? Nisso, o papa tem especial interesse em que não preguemos em primeiro lugar uma ideia ou uma doutrina moral, mas sobretudo a misericórdia divina.

Por isso, também hoje é importante começarem todas as reformas da Igreja pela própria pessoa, com testemunho confiante e otimismo crente. O futuro da Igreja começa por uma pastoral convidativa e humana que apresenta a fé de modo esclarecedor e cria espaço para que as pessoas possam experienciar, em sua situação particular, o amor e a misericórdia de Deus.

Nisso, a força para a evangelização brota da recordação agradecida: "Que tens que não hajas recebido?" (1Cor 4,7). Recebemos a nossa fé de graça e de graça devemos comunicá-la (cf. Mt 10,7-15).

Não iniciamos a evangelização a partir do zero. O Reino de Deus não começou nem terminará conosco. Não podemos nos esquecer de que pertencemos a uma tradição viva de muitas testemunhas da fé. "A alegria evangelizadora refulge sempre sobre o horizonte da memória agradecida; é uma graça que precisamos pedir. Os apóstolos nunca mais esqueceram o momento em que Jesus lhes tocou o coração: 'Era pelas quatro horas da tarde' (Jo 1,39). A memória apresenta-nos, juntamente com Jesus, 'uma verdadeira nuvem de testemunhas' (Hb 12,1). Dentre elas podemos distinguir pessoas que se empenharam para fazer germinar a nossa alegria crente: 'Recordai-vos daqueles dirigentes que vos anunciaram a Palavra de Deus' (Hb 13,7). Às vezes, trata-se de pessoas simples e próximas de nós, que nos iniciaram na vida da fé: 'Tenho presente a sinceridade da tua fé, essa fé que tiveram a tua avó Loide e a tua mãe Eunice' (2Tm 1,5). O crente é fundamentalmente memorioso [lembradiço]" (EG, 13).

Evangelização para dentro significa, fundamentalmente, que os próprios crentes se formem, experienciem e aprofundem a fé, de sorte que se tornem capazes de dar razão dela. Por isso, hoje, a evangelização terá de ser em primeiro lugar uma espécie de alfabetização na fé. Assim como todas as crianças e todas as novas gerações têm de aprender a língua que se fala onde vivem, e a sua gramática, assim também todas as novas gerações de cristãos devem aprender de novo a fé e a gramática da fé, pois os adultos na fé também podem se esquecer dessa gramática. Do mesmo modo que a gramática de uma língua lhe dá uma estrutura, capacitando-a como veículo de comunicação, assim também o conhecimento basilar da fé eclesial possibilita com êxito a comunicação e o entendimento dos crentes entre si.

A evangelização está relacionada a todas as realizações vitais da Igreja. Assim, por exemplo, as celebrações litúrgicas são um lugar de evangelização, pois é na medida em que na liturgia nos encontramos com Cristo e somos enviados ao mundo por Ele e pela sua força que transformamos o mundo. A caridade cristã é, em sua totalidade, um lugar de evangelização no qual atuamos a partir da certeza da fé. "A fé nos mostra o Deus que doou o seu Filho e, assim, suscita em nós a firme certeza de que realmente é verdade que Deus é amor. Desse modo, ela transforma a nossa impaciência e as nossas dúvidas na esperança segura de que o mundo está nas mãos de Deus e de que, não obstante as obscuridades [...], no final Ele vencerá. A fé, que faz com que se tome consciência do amor de Deus revelado no coração traspassado de Jesus na cruz, suscita, por sua vez, o amor. O amor é uma luz – no fundo, é a única luz – que ilumina constantemente um mundo às escuras e nos dá a força para viver e agir. O amor é possível e nós podemos pô-lo em prática porque fomos criados à imagem de Deus" (DC, 39). Nas obras do amor ao próximo reconhecemos Cristo nele e plasmamos o seu amor em fatos experienciáveis. Assim como a liturgia, a caridade também é um lugar de anúncio. Enquanto na liturgia o anúncio acontece sobretudo através da Palavra, o testemunho crente da caridade acontece nos fatos, precisamente na medida em que o próximo é amado por si mesmo, e não com outros fins. "O amor é gratuito; não se pratica para alcançar outros fins. Isso, porém, não significa que a ação caritativa deva, por assim dizer, deixar Deus e Cristo de lado. Sempre está em jogo o homem todo. Frequentemente, a raiz mais profunda do sofrimento é precisamente a ausência de Deus. Quem exerce a caridade em nome da Igreja nunca procurará impor aos outros a sua fé. Está consciente de que o amor, em sua pureza e gratuidade, é o melhor testemunho do Deus em quem acreditamos, e que nos impele a amar. O cristão sabe quando é tempo de falar de Deus e quando é oportuno calar-se sobre Ele, deixando que fale somente o amor. Sabe que Deus é amor (cf. 1Jo 4,8) e que Ele se torna presente justamente nos momentos em que não se faz mais nada do que amar" (DC, 31).

As realizações vitais da Igreja – pregação, liturgia e diaconia – não devem ser separadas umas das outras; o envio missionário da Igreja é a perspectiva motivadora em que elas se revelam em sua ordenação recíproca e em sua totalidade.

Todas as reformas estruturais devem ser guiadas pela pergunta: Poderemos como Igreja nos tornarmos permeáveis à mensagem de Jesus Cristo em todas as nossas realizações? Sim; mas desde que – é a sua condição básica – as estruturas eclesiais ou, mais exatamente, as pessoas que dão rosto a essas estruturas, sejam elas próprias evangelizadas, sejam moldadas e impregnadas pelo Espírito de Jesus. Não há dúvida de que devemos conhecer e aprender a apreciar novamente a diversidade e a amplitude da Igreja Católica. Então, poderemos descobrir a comunhão de todos e a solicitude de uns pelos outros na sua complementaridade dentro da Igreja e reunir as energias necessárias para realizar em comum a missão evangelizadora que nos foi entregue. É importante que nós cristãos ultrapassemos todas as questões diárias relativas à política eclesiástica, à organização e às estruturas, e demos uma resposta sólida às perguntas existenciais das pessoas. As estruturas eclesiais não são um fim em si, mas sistemas de apoio ao serviço da verdadeira meta, que não é outra coisa do que manter viva a fé e criar condições para que os seres humanos possam ter experiência de Deus. A força necessária para cumprir essa tarefa de "abrir a porta a Deus" é extraída do encontro com Ele. Só a opção inequívoca por Deus pode encher de nova vida a comunidade eclesial. Em vez de um "cristianismo cultural" desligado da oração e da liturgia é necessário que a Igreja seja novamente experienciável como comunidade que louva a Deus.

A Igreja não se autoanuncia, mas tem uma mensagem bela e sobretudo positiva para anunciar: o Evangelho. A missão da Igreja consiste em dar rosto a Cristo e à sua mensagem, e aproximá-lo das pessoas que ainda não o conhecem no seu significado profundo e pleno, ou que, por diversas circunstâncias, o perderam. Esta tarefa não pode ser realizada por uma comunidade eclesial que faz referência a si mesma, girando em torno de si. Todas as renovações começam pela oração e pela relação aprofundada com Deus, a fim de, como crentes individuais e como comunidade dos crentes, nos configuremos com Cristo. Uma Igreja em saída é, antes de mais nada, uma Igreja cujos membros saem conjuntamente em direção a Deus. Quem se põe a caminho para Cristo também encontrará o caminho para os seres humanos; porque, onde estes perceberem que não atuamos por iniciativa própria, mas porque somos enviados por Cristo, então se evidenciará que não queremos outra coisa senão tornar o amor de Deus perceptível e experienciável[36].

Tem um significado positivo para o mundo uma Igreja que, em vez de se ocupar primordialmente de si mesma, sai para as

---

36 O que o Papa Francisco disse em Estrasburgo sobre a Europa podemos aplicá-lo, *mutatis mutandis*, à Igreja. Cf. o discurso pronunciado pelo Papa Francisco diante do Parlamento Europeu em 25/11/2014: "O futuro da Europa depende da redescoberta do nexo vital e inseparável entre estes elementos [abertura ao transcendente e razão prática]. Uma Europa que não é capaz de abrir-se à dimensão transcendente da vida é uma Europa que está em risco de perder lentamente a sua alma e também aquele 'espírito humanista' que, no entanto, ama e defende".

ruas deste à procura de Deus e para construir o seu Reino com todas as pessoas de boa vontade. O Papa Francisco nos recorda que a Igreja é o povo crente de Deus a caminho para evangelizar. O Reino de Deus não se constrói mediante a preocupação de cada um por si próprio, o cultivo das vaidades e suscetibilidades pessoais, o afã do poder ou a distribuição dos cargos na Igreja. A sobrevalorização de algumas questões estruturais faz com que a Igreja fique atarefada "olhando para o próprio umbigo", descuidando da substância da fé.

Para uma transmissão convincente da fé é fundamental que se deixe a novidade e a força inerentes ao Evangelho se desenvolverem sozinhas. O Papa Francisco nos exorta a fazer resplandecer a verdade e a beleza de Jesus Cristo através do nosso serviço, e que confiemos em sua força criadora e renovadora de tudo: "Ele sempre pode, com a sua novidade, renovar a nossa vida e a da nossa comunidade; e, embora atravesse épocas obscuras e debilidade eclesiais, a proposta cristã nunca envelhece. Jesus Cristo também pode romper os esquemas infelizes nos quais pretendemos encerrá-lo e nos surpreender com a sua contínua criatividade divina. Sempre que tentamos voltar à fonte e recuperar o frescor original do Evangelho surgem novos caminhos, novos métodos criativos, outras formas de expressão, sinais mais eloquentes, palavras carregadas de renovado significado para o mundo atual. Na realidade, toda a ação evangelizadora autêntica é sempre 'nova'" (EG, 11).

6.2 Concentração no essencial: a mensagem

Como poderemos conseguir uma mudança de perspectiva que nos permita encontrar, a partir de Deus e em direção a Ele, respostas para todas as perguntas pendentes? Se a Igreja procurar antes de tudo o Reino de Deus, o resto lhe será dado em acréscimo (cf. Mt 6,33). Assim, a Igreja já tem o seu "tema". Por isso deve-se negar a afastar dele por pseudotemas externos. Assim, a crise atual pode tornar-se *kairós* para a comunidade eclesial, uma oportunidade para converter-se e para refletir sobre o essencial. Não se é católico de graça! Ser católico tem o seu preço. Quem estiver disposto a pagar esse preço receberá em troca cem vezes mais do que deu e descobrirá o sentido e a beleza de nossa vida e de nossa fé.

Nós, pessoas de Igreja, nos ocupamos com as nossas perguntas e problemas ou com as perguntas existenciais dos seres humanos? Frequentemente, observa-se em círculos eclesiais a tendência de tomar as próprias perguntas como perguntas de toda a humanidade, sem se aperceber de que se está passando longe dos verdadeiros problemas existenciais das pessoas. A atenção excessiva a aspectos de segundo plano e a reformas estruturais da administração da Igreja é incapaz de suscitar entusiasmo por ela. Pelo contrário, se descobrirmos e experienciarmos o Evangelho como belo e libertador, sentiremos a necessidade de partilhar com outros o bom e o belo. "Toda a experiência autêntica de verdade e de beleza busca por si mesma a sua expansão, e qualquer pessoa que viva uma profunda libertação adquire mais sensibilidade diante das necessidades dos outros. Ao comunicá-lo, o bem cria raízes e se desenvolve. Por isso, quem quiser viver com dignidade e plenitude só tem um caminho: reconhecer o outro e procurar o seu bem. Então, não deveríamos ficar admirados com algumas expressões de São Paulo: 'O amor de Cristo nos compele' (2Cor 5,14); 'Ai de mim se não anunciar o Evangelho!' (1Cor 9,16)" (EG, 9).

A motivação da nossa ação não deve ser o medo diante do número decrescente de fiéis; mas certamente a receita não consiste em arranjar uma Igreja que agrade a todos. Uma Igreja diluída e sem perfil não poderá se diferenciar; o distintivo da Igreja é, em primeiro lugar, a sua abertura para Deus. Só aí radica o seu atrativo para os seres humanos, e não, por exemplo, uma fé adocicada e adaptada ao mundo, que parece estar na última moda, mas que, desgraçadamente, já não vislumbra Deus. Em compensação, o primado de Deus não comporta, é claro, que se descuide do ser humano; pelo contrário, é a condição *sine qua non* para que a pessoa possa iniciar uma relação sadia com Ele e experienciar a plenitude da salvação. O Evangelho de Jesus Cristo não é um edifício doutrinal ou uma teoria para melhorar o mundo; é a Pessoa viva do próprio Jesus Cristo, sobre a qual construímos e na qual confiamos.

Mas o que acontece quando esse centro da Igreja não é percebido? Enquanto a Igreja for para muitas pessoas apenas uma associação humanitária não estará cumprindo sua tarefa. A unilateralização horizontal da Igreja e o obscurecimento de Deus pelos eclesiásticos frequentemente é a causa de grande número de fiéis não vislumbrarem Deus na Igreja. A sua burocratização através de métodos de gestão supostamente profissionais e muito prometedores torna-se amiúde uma carga adicional e obscurece o rosto humano da Igreja. Por isso, é importante que aquele que, em razão do ministério que desempenha, representa a Igreja para fora e atua em seu nome dê profundidade e conteúdo à sua existência humana e espiritual, se identifique com a missão eclesial sem contradizê-la com a sua vida, pense, sinta e atue com a Igreja. Só em virtude de um testemunho verdadeiro e vivo de Cristo pode-se tornar viva a sua mensagem; e, por isso, a sua Igreja, uma missionária. O dinamismo da evangelização se desenvolve a partir da coragem e da força espiritual para formular as grandes perguntas existenciais das pessoas.

Na situação atual tem grande importância as pessoas deixarem de ligar a fé e a Igreja somente a mandamentos e proibições. A Igreja não é, em primeiro lugar, uma agência para melhorar o mundo e para educar a humanidade, mas é a relação vivida com Deus; todo o resto deriva daí. Isso não significa a exclusão imediata deste ou daquele aspecto, mas que se ponha tudo num tal contexto que mostre a plenitude do Evangelho. "Uma Igreja em 'chave missionária' não está obcecada com a transmissão desarticulada de uma imensidade de doutrinas que se pretende impor à força. Quando se assume um objetivo pastoral e um estilo missionário que realmente chegue a todos sem exceções nem exclusões, o anúncio se concentra no essencial, que é o mais belo, o maior, o mais atraente e, ao mesmo tempo, o mais necessário. A proposta é simplificada, sem, com isso, perder profundidade nem verdade, tornando-se desse modo mais contundente e radiante" (EG, 35). Um sensível discernimento de espíritos ajudado pelo Evangelho educará o nosso olhar para reconhecer o que pertence ao núcleo da mensagem de Cristo e o que são aspectos de segunda ordem. Na sociedade atual, tão influenciada pelos meios de comunicação, é um perigo que, frequentemente, não sejamos capazes de apresentar o sentido e a beleza da mensagem cristã em sua totalidade e coesão. Vemos por vezes que, sobretudo a doutrina moral eclesiástica, é tirada do seu contexto natural e reduzida, por mutilação, a alguns aspectos de segunda ordem. "O maior problema surge quando a mensagem que anunciamos aparece identificada com esses aspectos secundários que, não deixando de ser importantes, por si sós não manifestam o coração da mensagem de Jesus Cristo. Então, convém que sejamos realistas e não suponhamos que os nossos interlocutores conhecem o substrato completo do que dizemos ou que podem ligar o nosso discurso ao núcleo essencial do Evangelho que lhe dá sentido, beleza e atrativo" (EG, 34).

A mensagem fundamental do Evangelho é o amor ilimitado e solícito de Deus pelos seres humanos, que nos capacita a amá-lo mediante a nossa fé. No seu Filho, Deus nos faz partícipes de sua vida divina. Essa relação humano-divina ocupa o centro da fé cristã. Para que não se percam a beleza e a força de irradiação dessa mensagem, o Papa Francisco nos anima a levar a sério a doutrina do Vaticano II sobre a "hierarquia de verdades" e extrair dela as devidas consequências pastorais: "Nesse sentido, o Concílio Vaticano II explicou que há uma ordem ou hierarquia das verdades na doutrina católica, por ser diversa a sua conexão com o fenômeno da fé cristã' (UR, 11). Isso tanto vale para os dogmas de fé como para o conjunto dos ensinamentos da Igreja e, inclusive, para o ensino moral" (EG, 36).

É claro que essa ordenação dos diferentes elementos da mensagem cristã não comporta restrição; pelo contrário, permite que não se perca de vista a totalidade e a integridade da mensagem: "Não é preciso mutilar a integralidade da mensagem do Evangelho. Mais, cada verdade compreende-se melhor quando é posta em relação com a harmoniosa totalidade da mensagem cristã, e, nesse contexto, todas as verdades têm a sua importância e iluminam-se umas às outras. Quando a pregação é fiel ao Evangelho, manifesta-se com clareza a centralidade de algumas verdades e torna-se claro que a pregação moral cristã não é uma ética estoica, mas uma ascese; não é uma mera filosofia prática nem um catálogo de pecados e erros" (EG, 39).

No contexto da aplicação pastoral da doutrina da "hierarquia de verdades", a mensagem da misericórdia adquire o seu autêntico peso. Fazer da misericórdia vivida na Igreja o tema por excelência corresponde à perspectiva missionária do papa. Ela é o atributo decisivo em relação ao atrativo da fé.

"Santo Tomás de Aquino ensinava que na mensagem moral da Igreja também há uma hierarquia nas virtudes e nos atos que dela precedem (cf. *Summa theologiae* I-II, q. 66, arts. 4-6). Assim, aquilo que conta é, antes de tudo, 'a fé que se torna ativa pela caridade' (Gl 5,6). As obras de amor ao próximo são a manifestação externa mais perfeita da graça interior do Espírito: 'O sentido primário da nova lei está na graça do Espírito Santo, que se manifesta na fé e que atua pelo amor' (*Summa theologiae* I-II, q. 108, art. 1). Por isso, explica que, quanto à ação externa, a misericórdia é a maior de todas as virtudes: 'Em si mesma, a misericórdia é a maior das virtudes, já que a ela compete debruçar-se sobre os outros e, ainda mais, socorrer as suas deficiências. Isso é peculiar do superior e, por isso, se tem como próprio de Deus ter misericórdia, na qual resplandece a sua onipotência de modo máximo' (*Summa theologiae* II-II, q. 30, art. 4)" (EG, 37).

6.3 A comunidade, fonte de energia

"Socorrer as deficiências [de outros]": é assim que o Papa Francisco cita a definição de misericórdia de Santo Tomás de Aquino. Por isso, até que ponto esta mensagem da misericórdia ocupa o centro de uma Igreja evangelizadora torna-se visível, antes de tudo, no modo como ela é capaz de superar, curando e reconciliando, os antagonismos existentes em seu seio e de salvaguardar a unidade que o Espírito cria entre os crentes. A comunhão fraterna e a solicitude recíproca de todas as pessoas ativas na Igreja são os elementos que determinam se somos ou não capazes de gerar uma nova energia missionária e de cumprir no mundo o encargo de Cristo. Todos nós – membros da Igreja e, em especial os agentes de pastoral – devemos levar uma vida em consonância com a nossa vocação de cristãos: "Exorto-vos, pois, a que procedais de um modo digno no chamamento que recebestes: com toda a humildade e mansidão, com paciência, suportando-vos uns aos outros no amor, esforçando-vos por manter a unidade do espírito, mediante o vínculo da paz. Há um só Corpo e um só Espírito, assim como a vossa vocação vos chamou a uma só esperança; um só Senhor, uma só fé, um só Batismo, um só Deus e Pai de todos, que reina sobre todos, age por todos e permanece em todos" (Ef 4,1-6).

Estas palavras da Carta aos Efésios não são importantes unicamente para a unidade ecumênica das Igrejas e comunidades eclesiais, mas também o são, e em maior medida, para a unidade intraeclesial dos cristãos, que constitui uma condição indispensável para a saída missionária da Igreja. A unidade de uns com os outros torna a Igreja atrativa e dá credibilidade ao seu testemunho.

Como cristãos, somos chamados a ser amigos de Cristo e colaboradores de Deus. Mas, se formos sinceros, todos deveremos admitir que, no plano humano, nem sempre somos simpáticos uns para com os outros e nem sempre podemos ser amigos. Isso faz parte de nossa existência concreta no mundo, das estruturas pecaminosas dele. Mas a confissão de fé em Jesus Cristo e a vida como seguidores seus – e no seu Espírito – exige de nós, cristãos, que nos guiemos por pautas diferentes daquelas praticadas no mundo. Se quisermos cumprir o encargo profético que nos foi confiado deveremos formar como Igreja uma "comunidade de contraste", na qual o tratamento que damos reciprocamente e a forma como falamos uns com os outros estejam impregnados de misericórdia. Como testemunhas do Reino de Deus, somos chamados a aceitar como amigos em Cristo até aqueles que não nos são simpáticos e a tolerar respeitosamente as suas opiniões.

A atualidade da exortação feita na Carta aos Efésios torna-se patente quando o Papa Francisco nos pede, sob a epígrafe "Não à guerra entre nós", o seguinte: "Aos cristãos de todas as comunidades do mundo quero pedir especialmente um testemunho de comunhão fraterna que se torne atrativo e resplandecente. Que todos possam admirar como cuidais uns dos outros, como encorajais mutuamente e como vos acompanhais: 'Por isso é que todos conhecerão que sois meus discípulos: se vos amardes uns aos outros' (Jo 13,35)" (EG, 99).

O testemunho do amor entre nós é um sinal da presença de Cristo em nosso meio. "Mas se virem o testemunho de comunidades autenticamente fraternas e reconciliadas, isso será sempre uma luz que atrai. Por isso, dói-me muito comprovar que, em algumas comunidades cristãs e ainda entre pessoas consagradas, consentimos diversas formas de ódio, divisões, calúnias, difamações, vinganças, ciúmes, desejos de a todo o custo impor as próprias ideias e, até, perseguições, que parecem uma implacável caça às bruxas. Quem iremos evangelizar com esses comportamentos?" (EG, 100).

Todos partilhamos o desejo de suscitar nas pessoas entusiasmo pela beleza do Evangelho. Mas, em prol do Evangelho temos de superar a formação de frentes e as lutas de trincheiras em nossa própria Igreja. Podendo ser observadas em todas as Igrejas particulares, o Papa Francisco as aborda sem rodeios. Em vez de se perder tempo e energias com polêmicas entre opiniões doutrinais divergentes e questões relativas à distribuição de competências ou atendendo a aspectos secundários, deveríamos nos concentrar preferentemente em dar testemunho com palavras e atos do amor de Cristo, na medida das capacidades e possibilidades que nos foram dadas, vivendo a unidade do Espírito e da fé. A formação de facções dentro da Igreja dificulta a comunicação e, amiúde, as polarizações sufocam a capacidade de sermos autênticos. Por isso, a reconciliação intraeclesial é condição indispensável para desenvolver também para fora a força da irradiação da fé.

De olhos postos na unidade ecumênica do cristianismo, o Papa João Paulo II acentuou reiteradamente que a Igreja deve aprender a respirar com os seus dois pulmões, o oriental e o ocidental. Também podemos transpor essa imagem, com alguns retoques, para a luta intraeclesial de grupos. Devemos aprender a conjugar num espírito de reconciliação a chamada ala conservadora com a chamada ala liberal da Igreja. A identidade católica é uma identidade aberta e a Igreja não pode excluir ninguém que creia em Jesus e queira viver em comunhão com Ele e com o conjunto dos cristãos.

O humanitarismo espiritual e o Espírito de Jesus nos ajudarão a não viver as tensões da Igreja como confrontações entre bandos ou correntes, mas a propiciar que, enquanto expressão de dinamismo e energia, tornem-se frutíferas para o nosso envio missionário. As divergências de opinião e as diferentes ideias sobre qual é a melhor maneira de organizar a Igreja não deveriam nos levar a esquecer em que consiste a nossa missão comum. Olhar conjuntamente para Cristo e para a sua mensagem de reconciliação pode nos ajudar a superar por amor a Jesus a formação de facções na Igreja e a viver uma diversidade reconciliada, baseada na solicitude recíproca e na comunhão fraterna. Um testemunho disso pode dar mais crédito à Igreja, conferindo-lhe sem cessar um novo atrativo (cf. EG, 98 e 226s.). A disposição de se enquadrar na corrente da tradição viva e se orientar pelas doutrinas dos concílios e do magistério tem capital importância, sendo sinal de abertura espiritual.

Se tivermos presente a meta comum – o próprio Deus e a vida eterna como participação na vida divina –, poderemos superar as confrontações e as divergências em nossa Igreja. Não há razão para construir nela – seguindo o modelo político – bandos de direita e esquerda, de conservadores e liberais. Na Igreja não tem lugar as regras nem as disjunções políticas: a Igreja deve ser "conservadora" quando o que está em jogo é a tradição apostólica e a salvaguarda da fé; e "progressista" no sentido de uma orientação em direção ao seu futuro e no trato humano, que sempre pode crescer no amor.

O Ano Santo Extraordinário da Misericórdia foi convocado pelo Papa Francisco ao se completar 50 anos do encerramento do Concílio Vaticano II: "De fato, abrirei a Porta Santa no quinquagésimo aniversário da conclusão do Concílio Ecumênico Vaticano II. A Igreja sente a necessidade de manter vivo este evento. Para ela, iniciava-se um novo período da sua história. Os Padres reunidos no Concílio tinham percebido intensamente, como um verdadeiro sopro do Espírito, a exigência de falar de Deus aos homens do seu tempo num modo mais compreensível. Derrubadas as muralhas que, por muito tempo, tinham enclausurado a Igreja numa cidadela privilegiada, havia chegado o tempo de anunciar o Evangelho de modo novo. Uma nova etapa na evangelização de sempre. Um novo compromisso para todos os cristãos de testemunhar com mais entusiasmo e convicção a sua fé. A Igreja sentia a responsabilidade de ser no mundo um sinal vivo do amor do Pai" (MV, 4). Com esse jubileu, o Papa Francisco imprimiu um forte impulso, não para nos reforçar uma polêmica retrógrada sobre qual foi a verdadeira intenção do Concílio, mas para nos unir no desejo de que, "com o compromisso de todos [...], os anos vindouros estejam impregnados de misericórdia para poder ir ao encontro de cada pessoa, levando a bondade e a ternura de Deus" (MV, 5).

Para nos congregarmos em direção a essa meta comum é necessário conservarmos a "unidade reconciliada": "Se as diversas linhas de pensamento filosófico, teológico e pastoral se deixam harmonizar pelo Espírito, no respeito e no amor, também podem fazer com que a Igreja cresça, já que ajudam a explicar melhor o riquíssimo tesouro da Palavra. A quem sonha com uma doutrina monolítica defendida por todos sem matizes, isto pode parecer uma imperfeita dispersão. Mas a realidade é que essa variedade ajuda a que se manifestem e desenvolvam melhor os vários aspectos da inesgotável riqueza do Evangelho" (EG, 40).

Está na hora de superar beneficamente, na força do Evangelho, a mentalidade de facções e compartimentos, empreendendo em comum a caminhada do "ser cristão" e do seguimento de Cristo, pondo-nos sob a exigência do Evangelho, sem negarmos uns aos outros a condição de católicos. A caminhada da Igreja é um movimento confiante para frente; não se trata de permanecermos agarrados ao passado, mas de aprendermos das experiências dele e de olharmos esperançosamente para o futuro. É claro que devemos assumir o passado. Mas não há dúvida de que devemos identificar as coisas que anteriormente não funcionaram bem. Contudo, em vez de ficarmos obcecados pelos erros da Igreja no passado, devemos empregar mais energia em não repeti-los.

Levando em conta que todos somos convocados pelo Senhor para servir a sua mensagem, podemos nos fixar primeiramente naquilo que nos une, e não naquilo que nos diferencia. Isto vale especialmente para o modo como exercemos a nossa crítica. De que a fazemos em relação à Igreja? É uma crítica construtiva, objetivando corrigir as anomalias em que possam ter incorrido as pessoas responsáveis, ou uma crítica indiferenciada e geral, que prejudica toda a comunidade eclesial? Se nós próprios criticamos a Igreja de maneira global e pouco matizada, como as pessoas que estão fora dela poderão perceber a sua beleza e a beleza da sua mensagem?

Quando criticamos os outros devemos aplicar também a nós próprios a régua com que os medimos. Temos de observar a "regra de ouro" sancionada por todas as religiões: "Tratai os outros como quereis que vos tratem" (Mt 7,12). "Não julgueis e não sereis julgados" (Lc 6,37). Dentro da Igreja podemos constatar um determinado padrão de conduta que vai se repetindo: critica-se de tal maneira a Igreja como um "sistema" que tem suas "estruturas", que passa-se a impressão de que quem critica está "fora da Igreja", que não pertence à Igreja repreendida. Mas esse tipo de crítica destoa da ideia de que todos nós, como batizados, somos parte da Igreja, e que qualquer mudança do "sistema" ou das "estruturas" tem de começar pela conversão do coração e pela mudança da própria conduta. Afirmar que só através de "mudanças estruturais" se tornará possível a renovação da Igreja constitui uma manobra, consciente ou inconsciente. Porque é mais verdadeiro o contrário: a renovação eclesial começa no coração das pessoas.

Frequentemente falamos abstratamente de "Igreja" para nos eximirmos de responsabilidade. Mas ser ou não ser da Igreja depende também da atitude e da conduta dos seus membros. Na verdade, a exigência de que "a Igreja" deveria ou teria de fazer isto ou aquilo é uma exigência dirigida a nós mesmos, embora ninguém possa exigir da Igreja que se aproprie de todas as ideias e noções subjetivas.

O discernimento psicológico ensina que um ambiente de crítica permanente da comunidade eclesial se torna motivo de desalento e paralisa as perspectivas de ação. Se atribuirmos culpa aos outros não poderemos suscitar nova vida; se nos elevarmos acima dos outros pela crítica não nos tornaremos grandes. A verdadeira grandeza consiste em contribuir para que, além de nós mesmos, também os outros cheguem a ser grandes. Em vez de fazer críticas sem descanso, é absolutamente necessário que sejamos mais autocríticos. Só a necessária autocrítica pode nos salvaguardar do orgulho e da arrogância. Somente a autocrítica pode nos preservar da vaidade, e assim perguntemos a nós mesmos: Em que medida contribuo para fortalecer a unidade intraeclesial? Em quantas controvérsias destaco aspectos de segunda ordem, transformando-os em essenciais? Por outro lado, em quantos debates me interroguei de forma autocrítica, mostrando a minha incapacidade de falar de Deus, da fé, de Jesus Cristo e da sua mensagem de vida? Se cada indivíduo desenvolver a capacidade intelectual e espiritual de sarar feridas e de aquecer o coração das pessoas, a Igreja como um todo será mais atrativa.

    Não há dúvida de que a Igreja como instituição deve se interrogar sobre o que pode fazer para evitar o obscurecimento da sua autoridade moral pela conduta inapropriada de alguns dos seus representantes. Nisso, uma crítica generalizada ajuda muito pouco. Em vez disso, é preciso olhar detidamente e perguntar: O que é responsabilidade do indivíduo e o que deve ser atribuído ao plano estrutural? A "comunitarização" dos pecados deste ou daquele indivíduo lança uma sombra sobre toda a comunidade eclesial e diminui o atrativo da sua mensagem. Aqui é preciso contrariar a tendência à generalização e à "comunitarização" indiscriminada do pecado e da culpa individuais. Através da "coletivização" indiferenciada dos pecados reduzimos a responsabilidade do indivíduo e obscurecemos o rosto da instituição eclesial. Quando este ou aquele crente pecar e incorrer em culpa, será ele quem deverá assumir a responsabilidade.

Como indivíduos, os representantes da Igreja sempre foram acompanhados de numerosas sombras. Mas, se nos concentrarmos no que de bom e positivo acontece na Igreja e percebermos as luzes que brilham na comunidade eclesial, isso pode, a despeito de todas as sombras que existem na Igreja, iluminar a nossa vida. Hoje, viver a Igreja de Jesus Cristo inclui não ver nela um objeto preferido de crítica coletiva nem tampouco e principalmente uma instituição necessitada de reforma; mas preferi-la como lugar de relação com Deus, como lugar da fé vivida. Dessa necessária mudança de paradigma derivará o necessário: a experiência de que, mediante o espírito vivo da reconciliação é possível superar a amargura e a resignação interior e recomeçar todos os dias, transbordando de confiança em Deus.

6.4 Evangelização para fora

A tarefa da evangelização representa não só um grande desafio teológico, intelectual, espiritual e pastoral, mas também constitui um desafio cultural, numa paisagem cultural religiosamente plural e num ambiente secular como o nosso. É evidente que só temos este nosso mundo. Por isso, criticar continuamente o mundo secular em vez de aceitá-lo, embora sem nos diluirmos nele, não nos ajuda a avançar. Mais frutífero é refletir sobre como podemos reconfigurar o nosso mundo, à luz de Cristo, sem nos amoldarmos a ele. Em diálogo profundo dentro da comunidade eclesial deve-se fazer um discernimento de espíritos sobre o que significam hoje para nós as palavras de Jesus: "Estais no mundo, mas não sois do mundo" (cf. Jo 17,14-18).

Atualmente as pessoas têm a liberdade de anunciar – na forma que lhe permitirem os seus conhecimentos e a sua consciência – os seus pareceres e conformarem a própria vida às suas convicções de fé. Mas ninguém pode exigir que a Igreja aceite e aprove todas as suas opiniões subjetivas. Amiúde, podemos constatar uma tendência muito difundida: há pessoas que parecem não entender – ou não querer entender – a doutrina da Igreja. Por isso, não podemos nos poupar à tarefa de explicar muitas vezes o sentido da fé com paciência e amor, como bons pastores.

Os conteúdos centrais da fé, fundados na revelação de Deus, não podem ser adaptados arbitrariamente, como o programa de um partido político, às expectativas sempre novas das pessoas. O primordial não é perguntar sobre a modernidade da fé ou sobre a atualidade ou não de alguns de seus aspectos, mas, sim, a norma radica em examinar os "sinais dos tempos": o que hoje corresponde melhor à mensagem de Jesus Cristo e nos aproxima mais de Deus; o que suscita em nós esperança e força, nos ajudando no seguimento de Cristo e a impregnar nele o seu Espírito. A identidade da Igreja constitui ao mesmo tempo a sua relevância: ela precisa comunicar a mensagem de Cristo.

A fé cristã não pode negar o escândalo da cruz. "De qualquer modo, nunca poderemos tornar os ensinamentos da Igreja algo facilmente compreensível e valorizado por todos. A fé conserva sempre um aspecto de cruz, alguma obscuridade que não lhe retira a firmeza de sua adesão. Há coisas que só se compreendem e apreciam na perspectiva da adesão, que é irmã do amor, independentemente da clareza com que podem ser percebidas as razões e os argumentos. Por isso, é preciso recordar que toda a doutrinação tem de se situar na atitude evangelizadora que desperte a adesão do coração à proximidade, ao amor e ao testemunho" (EG, 42).

Essa atitude evangelizadora combina a serenidade do recebido como presente com a paixão pelo possível. Cumprimos o nosso envio missionário na medida em que apresentamos e explicamos a fé, em que possibilitamos o acesso a ela. Aqui, trata-se também de relacionar como núcleo da fé os diferentes aspectos da doutrina católica em sua conexão intrínseca, de tal modo que a fé comece a brilhar e a resplandecer a partir de si mesma, a partir da sua lógica interna. A meta do nosso esforço é ganhar os seres humanos para que entendam o seu caminho vital como uma caminhada em direção a Deus e para que concedam espaço a Ele na configuração de sua vida.

Para que esse esforço dê fruto, não podemos ficar num plano abstrato e dizer que "a Igreja" deveria fazer isto ou aquilo. Todos os que participam ativamente da Igreja são chamados a sentir, a ensinar e a atuar no seu ambiente e no seu âmbito de atividade como o Bom Pastor, Jesus Cristo. Porque, embora o nosso encargo de sermos testemunhas do Evangelho, nas condições do nosso tempo, exija de nós um grande compromisso, nunca poderemos nos esquecer de que estamos a seu serviço e somos apenas seus colaboradores. O próprio Jesus é o anunciador e o consumador do Evangelho. Estarmos conscientes de que é o próprio Deus quem atua e nos entendermos como seus instrumentos relativiza nosso esforço, protegendo-nos do esgotamento, da resignação e do esforço excessivo. Se vivermos e atuarmos a partir da convicção de que a iniciativa corresponde a Deus e de que é Ele quem faz prosperar todas as coisas, essa atitude de humildade nos permitirá "conservar a alegria no meio de uma tarefa tão exigente e desafiadora que toma a nossa vida inteiramente. Pede-nos tudo, mas ao mesmo tempo oferece-nos tudo" (EG, 12).

O exercício dessa tarefa compete à totalidade da Igreja e a cada um dos cristãos. Todo batizado é chamado a evangelizar. Mas essa ideia teológica generalizada pode levar muitos a não assumirem esse compromisso, escondendo-se atrás de uma "responsabilidade geral". Sabemos que todos os homens têm o direito de receber o Evangelho e que compete a todos os cristãos a obrigação de anunciá-lo. Mas – eis a carência de nossa época – quem de nós está realmente motivado a atuar ativamente como missionário?

Sustentamos debates teológicos reformistas sobre interrogações como estas: Quem é o sujeito da ação missionária? Qual é a ordem de distribuição das competências entre ministros ordenados e leigos? Que imagem da Igreja é útil para se pôr em marcha a missão? Mas, para isso, que condições devem ser cumpridas na comunidade eclesial? Contudo, essas discussões teológicas podem adotar o caráter de sermão ou de meras desculpas. Com sinceridade, constatamos o seguinte: quando um cristão está disposto a ser ativamente missionário e a fazer, em sua situação particular de vida, o que pode e deve, não há nada na Igreja que o impeça. O que nos impede de amar a Deus e fazer o bem ao próximo? Não nos mostra a experiência que justamente nas Igrejas particulares há decênios se "investe muita energia nos chamados debates reformistas sobre competências e atribuições que pouca energia missionária desenvolvem? Por isso, a atitude fundamental de todos os que participam ativamente na Igreja deveria ser a de não se levarem demasiadamente a sério e não ficarem rodando exageradamente em torno de si mesmos. A história missionária nos ensina que sempre houve indivíduos inspirados e entusiasmados por Deus e que deram impulsos importantes à missão. Nesse sentido, não podemos de modo algum nos silenciarmos sobre o fato de que existem por toda a parte, na comunidade eclesial, inúmeras pessoas que, independentemente de sua condição de sacerdotes, religiosas e religiosos, catequistas e pais e mães de família convictos, vivem e transmitem a sua fé em condições difíceis. São os heróis missionários do nosso tempo. Devemos estar agradecidos por isso!

Todos somos desafiados a sair de nós mesmos e ir ao encontro das pessoas com a mensagem de amor, de misericórdia e de reconciliação, transmitindo aos seres humanos o Evangelho de Jesus de forma consistente. Temos a tarefa de manter aberto o espaço da transcendência, criando, com isso, as condições para que os homens descubram Jesus Cristo e o seu Evangelho com a verdade das suas vidas. Uma Igreja que seja sinal e instrumento do céu aberto sempre será missionária.

Para a Igreja deve ser imperiosa a pergunta sobre o porquê de pessoas religiosamente interessadas procurarem respostas fora dela. Não podemos esperar que as pessoas regressem à Igreja por iniciativa própria. O Papa Francisco, que se define como oriundo do outro extremo do mundo, recorda-nos o necessário dinamismo da Igreja: trata-se de um movimento a partir do centro da fé em direção às periferias da existência humana. Para esse movimento, o papa precisa de nós como companheiros intelectuais e espirituais de caminho. A força unificadora do nosso caminho comum é a alegria do Evangelho, que é preciso redescobrir dia após dia.

6.5 O caminho dialogal da Igreja

A base necessária para todo o diálogo de fé e de vida com o exterior é ter intraeclesialmente a certeza dessa fé. Ninguém levará a sério um interlocutor que defenda – ou possa defender – com pouco entusiasmo a sua convicção de fé. Uma comunidade eclesial que não esteja consciente de sua identidade não poderá estabelecer nenhum diálogo racional. A Igreja aumentará sua capacidade de diálogo se os cristãos confessarem, convicta e convincentemente, sua fé com alegria, testemunhando corajosamente sua fé, com palavras e com fatos.

O Papa Francisco chama a Igreja a levar a cabo a sua missão salvífica no mundo como caminho dialogal. Uma Igreja a caminho da evangelização deve estabelecer diálogo com as culturas e as sociedades atualmente existentes (cf. EG, 133). O diálogo entre a fé e a cultura, num mundo secular, é para a Igreja uma "diaconia salvífica" (Bento XVI), pois no diálogo podemos nos tornar presentes na "periferia existencial da vida" (Francisco). O

Papa Francisco vê esse caminho dialogal da Igreja como parte da dimensão social da evangelização e como contribuição para a paz no mundo (cf. EG, 238-241); o diálogo da Igreja é realização da diaconia cristã que se insere na solicitude salvífica integral pelos seres humanos. Do centro da fé católica nasce um profundo respeito por todas as pessoas. Isso vale também para os seguidores de outros credos e também para os não crentes. Também eles devem ser para nós muito importantes, em virtude da nossa autocompreensão como cristãos.

No contexto de uma sociedade secular e plural já não é tão comum, por um lado, ser cristão; por outro, nós, os cristãos, somos indubitavelmente parte dessa sociedade e da sua cultura secular. Nossa principal tarefa consiste em oferecer respostas à pergunta sobre a identidade e a relevância da fé cristã, pois ela está enfrentando um dilema entre identidade e relevância. Se ela se acomodar excessivamente às expectativas e ideias habituais, estará em perigo de perder a sua identidade e, com ela, também a sua relevância. Mas, se, ao contrário, movida pelo medo, se isolar em torno de sua identidade, a fé não cumprirá, em última análise, o encargo de presença no mundo que lhe foi confiado, nem conservará a sua relevância para os seres humanos.

A identidade da fé não é algo fechado em si mesmo, mas aberto e processual, algo que tem de ser conquistado sem cessar. O diálogo de vida, o encontro com os seguidores de outros credos e com os não crentes configuram à fé cristã sua verdadeira identidade e demonstram sua relevância para a sociedade[37].

A origem e base da fé cristã radica no diálogo salvífico entre Deus e o ser humano. Por conseguinte, a nossa fé é diálogo, porque nasce do ouvir e responder à Palavra de Deus. Percorrer esse caminho é a nossa vocação primeira. A abertura às interro-

---

37 Cf. KASPER, W. *Katholische Kirche*, p. 406-462.

gações da época e à disposição em procurar, a partir do centro da fé cristã, uma resposta às perguntas existenciais dos seres humanos é a tarefa permanente de uma Igreja que foi posta por Deus a serviço das pessoas.

O pensamento dialógico abarca todos os esforços para submeter Deus à discussão no nosso tempo. Para isso, também é necessário iniciar um diálogo com a história da liberdade na Modernidade. No diálogo com a Modernidade, trata-se de vincular de tal modo a pergunta permanente sobre a religião verdadeira com a história moderna da liberdade, que nem a verdade religiosa se imponha à liberdade nem tampouco a liberdade prescinda de sua vinculação à verdade. No diálogo, a vinculação de liberdade e de verdade se revela como o principal desafio. Por causa dos homens, hoje é mais importante do que nunca falar de modo novo e convincente do Deus vivo e libertador, que é o amor e a vida em plenitude. Essa forma de falar de Deus é um serviço à vida e à liberdade dos seres humanos. Assim, abrimos uma perspectiva de esperança para todos os homens.

Em tudo isso, o diálogo com as diferentes culturas desempenha um papel crucial. A fé e a cultura são conceitos que imprimem o seu selo na realidade das pessoas e na configuração da sociedade[38]. Apesar da secularização, a fé continua a ter uma força, aguçando a consciência das pessoas e fortalecendo a responsabilidade social. A fé cristã nos dá uma resposta sólida às perguntas da vida social; desenvolve uma necessária e preventiva cultura humana da responsabilidade social em todos os âmbitos da vida (cf. EG, 50-75).

A cultura europeia foi marcada durante séculos pela fé cristã. A configuração feliz da vida pessoal e da convivência entre as

---

38 Para uma apresentação detalhada, cf. AUGUSTIN, G. & KÖHLER, H. (eds.). *Glaube und Kultur*. Friburgo, 2014. Cf. esp. AUGUSTIN, G. "Christlicher Glaube als Grundlage menschlicher Lebenskultur". Op. cit., p. 67-96.

pessoas continua dependendo, inclusive numa época secular, de motivação moral para a conduta dos indivíduos, assim como de critérios morais e sistemas de valores que fomentem e conservem a paz e a justiça da ordem social.

A fé cristã contém em si mesma a força que inspira e motiva as pessoas a se comprometerem com coragem e generosidade em favor da paz, da liberdade e da justiça. Esses valores são elementos indispensáveis para a construção de uma sociedade justa e boa, e para o autêntico desenvolvimento integral das pessoas. A força inspiradora da fé pode liberar energias propiciadoras da vida e mostrar de que maneira devem ser conservados adequadamente os dons da criação, repartindo-os para o bem da humanidade. As pessoas de fé autêntica e viva que estão conscientes de sua identidade cristã e vivem como tal têm a força necessária para transformar para o bem a cultura por meio de suas atitudes e valores.

A cultura de uma sociedade encontra sua expressão em todos os âmbitos de sua realização vital. Se observarmos com atenção o mundo secular será evidente que uma sociedade em que a fé em Deus é excluída da esfera pública, são supressos os pressupostos para o seu desenvolvimento humano, e, mais cedo ou mais tarde, se tornará egoísta, não misericordiosa e injusta[39]. Não se deve deixar de mencionar que, nas sociedades modernas vivemos uma crescente "amoralização" das relações sociais e uma perda de solidariedade na sociedade civil (cf. EG, 52ss.). A fé cristã contribui para inspirar e purificar a razão responsável perante si mesma e para suscitar energias éticas e morais na sociedade civil, sem as quais não é possível construir estruturas justas, nem estas são eficazes a longo prazo. Esse papel corretor da religião em relação à razão nem sempre é bem-visto porque, entre outras coisas, certas formas distorcidas da religião, tais como o sectarismo e o

---

39 Cf. INGLEHART, R. *Culture Shift in Advanced Industrial Society*. Princeton, 1990.

fundamentalismo, podem ser a causa de graves problemas sociais. Por seu lado, essas distorções da religião aparecem quando no âmbito da religião se presta pouca atenção ao papel purificador e estruturante da razão. Consequentemente, trata-se de um processo bidirecional. Resumindo: sem a função corretora da religião, a razão também pode ser vítima dos perigos de uma desfiguração quando, por exemplo, é manipulada por ideologias ou é utilizada de maneira unilateral, sem se levar plenamente em consideração a dignidade humana[40]. Nisso, a utilização da justiça é o mínimo que pode ocorrer para que uma ordem social funcione. Mas, além da justiça, a sociedade precisa de uma cultura de amor e de misericórdia. "A justiça por si mesma não basta, e a experiência ensina que, se se apelar somente para ela, correr-se-á o risco de destruí-la" (MV, 21). A fé cristã dá um contributo indispensável à construção de uma cultura do amor.

Na medida em que se cria identidade, a fé estabelece a condição indispensável para uma cultura com rosto humano. Daí que devemos nos assegurar incessantemente da força inspiradora e marcante da fé, como também de sua importância para o êxito da convivência e da cooperação para o bem de toda a sociedade.

No entanto e ao mesmo tempo, é preciso chamar a atenção para o perigo de que, mediante uma falsa interpretação da fé, se possa abusar da religião para fins políticos ou econômicos. A fé cristã, dado que propicia a consciência de que somos criaturas de Deus, une-nos às pessoas em igualdade fundamental: na convicção de que também o meu próximo é, tal como eu, uma criatura de Deus, que merece respeito e empatia. Em defesa da dignidade humana, a fé cristã oferece a base para uma cultura universal de paz e de justiça, uma base sobre a qual é possível

---

40 Cf. BENTO XVI. "Encuentro con representantes de la sociedad de Gran Bretaña en Westminster Hall", 17/09/2010.

uma colaboração com todos os homens de boa vontade para o bem da família humana.

Embora, nas sociedades seculares, as instituições públicas pareçam seguir a sua própria racionalidade, sem referência a religião alguma, uma sociedade nunca poderá ser completamente arreligiosa, a não ser que se pretenda desterrar da esfera pública as perguntas fundamentais da vida. Faz parte da condição humana ter de se confrontar incessantemente com essas perguntas. Dar-lhes resposta não é tarefa das instituições estatais; compete-lhes, sim, cuidar da esfera pública e favorecer uma cultura em que se torne possível formular essas perguntas e procurar respondê--las. A fé cristã responde às perguntas existenciais do ser humano, que não só marcam a sua vida pessoal e privada, mas também a sua vida social e relacional.

A mudança da cultura pode influenciar, positiva ou negativamente, tanto o desenvolvimento da pessoa como a configuração da sociedade. O fundamento intelectual e ético de que uma sociedade – apesar de toda a mudança cultural – necessita, para que a convivência nela funcione corretamente, vive de um horizonte de sentido que a sociedade secular é incapaz de dar a si mesma. Os cristãos que, em virtude da sua fé em Deus, estão unidos por convicções e valores comuns, abrem à sociedade um horizonte novo para além do mundo visível e imediato.

Nenhuma pessoa ou geração pode deixar de se esforçar em certificar-se novamente do fundamento sustentador e das raízes intelectuais do sistema de valores da sua cultura. A inspiração do legado intelectual e religioso da humanidade pode oferecer perspectivas de futuro à cultura secular atual, pois o desenvolvimento adicional de uma cultura do humanismo depende decisivamente de conseguir ou não transmitir frutuosamente, às gerações futuras, os valores, positivos e ricos, das tradições religiosas. Por razões culturais, a fé é um tema a que, para seu próprio bem, nenhuma sociedade pode renunciar, mesmo quando se entenda como secular. A confissão da fé em Deus e as perguntas e respostas da fé podem enriquecer consideravelmente a vida das pessoas que cooperam na configuração da sociedade e desempenham responsabilidades nela. Assim, o diálogo como forma de vida tem uma importância capital. Para os cristãos, isso exige que se encontre um caminho para vincular entre si a identidade e a relevância da fé para superar os perigos do isolamento, por um lado, e da acomodação, pelo outro.

Uma cultura inspirada pela fé cristã aspira a uma sociedade civil em que seja possível o desenvolvimento dos indivíduos no contexto da solidariedade vivida com outros. Coloca no centro o bem da pessoa inteira e de todas as pessoas. Daí que essa cultura seja universalmente comunicável, esteja aberta ao mundo e possibilite que todas as pessoas de boa vontade – independentemente de sua pertença religiosa – encetem um diálogo recíproco e configurem, como uma única família humana, o nosso mundo, de maneira justa e humana, transformando-o para o bem.

De um lado, a força moldadora da cultura inerente ao cristianismo é atualmente questionada por muitos, sobretudo na Europa; do outro, percebe-se em todo o mundo, felizmente, uma cultura determinada a partir da fé cristã e por ela marcada nos seus princípios, que advoga uma prática do humanismo e da solidariedade entre os seres humanos. O humanismo vivido encontra acesso ao coração das pessoas e, assim, pode influenciar no pensamento e na ação públicos. Desse modo, a força da fé cristã pode atuar muito além dos limites da Igreja. A globalização dos critérios sustentadores de uma cultura cristã poderia propiciar a solidariedade entre todos os homens e nações, contribuindo para a paz.

Os membros da Igreja, no mundo inteiro, vivem em culturas e sistemas políticos diferentes e o cristianismo nunca pode se identificar imediatamente com uma determinada cultura regional ou um sistema político. Contudo, ao mesmo tempo, é tarefa de todos os cristãos fazer com que entre o Evangelho e a cultura haja um encontro sadio, e não surja nenhuma fratura. Em ordem à configuração positiva de uma sociedade civil, precisamos de uma cultura dotada de força para desenvolver toda a beleza e toda a nobreza que há nos seres humanos.

Desde que mantenha aberta a dimensão da transcendência, a fé cristã representa o horizonte daquilo que nenhum poder político nem social pode dispor: Deus é a garantia da liberdade e do humanismo. Onde, juntamente com a fé em Deus, desaparecer da realidade social este horizonte, surgirá um vazio no qual a injustiça, a falta de liberdade, os egoísmos competitivos e o impiedoso direito dos mais fortes campearão. A negação da transcendência favorece a absolutização de interesses individuais e grupais; ao contrário, a abertura à transcendência pode preservar de conflitos as culturas e as civilizações[41].

O colapso das grandes ideologias do século XX mostrou que os seres humanos, para se comprometerem socialmente, precisam de uma perspectiva de futuro que não seja absorvida pelo fracasso dos projetos políticos. Onde as pessoas viverem com a consciência de que devem a vida a Deus e que unicamente com as suas forças não poderão resolver os problemas e dificuldades da convivência humana, crescerá no coração humano a força moral da paciência e da reação realista e serena, mesmo com as experiências de fracasso e de tropeço diante dos próprios limites. A fé cristã oferece às pessoas uma orientação que, apesar das suas experiências negativas e das suas limitadas possibilidades, as capacita e fortalece a partir de Deus, para configurar positiva e vigorosamente o mundo para o bem de todos os seres humanos.

---

41 Cf. HUNTINGTON, S.P. *The Clash of Civilization*. Londres, 1996 [trad. port.: *O choque das civilizações e a mudança na ordem mundial*. Lisboa: Gradiva, 2010].

O contexto do diálogo da fé não é só o mundo secular, mas também o pluralismo religioso. A paisagem religiosa mudou de raiz nas últimas décadas, sobretudo na Europa. O pluralismo religioso se tornou, também no âmbito europeu, uma experiência diária e apresenta um enorme desafio teológico à fé cristã, que vive da promessa de que Jesus Cristo tem relevância salvífica universal e única para todos os seres humanos.

Essa situação transformada exige que repensemos a importância do pluralismo religioso atual e determinemos novamente, em consonância com a autocompreensão do cristianismo, o lugar que lhe corresponde dentro desse pluralismo. Isso apenas será possível através de um diálogo de vida e de verdade. Por isso, a fé se torna mais capaz de promover encontros e de caminhar em direção ao futuro, contribuindo para prevenir os conflitos entre religiões e civilizações. No contexto europeu, o diálogo do cristianismo com as outras religiões abraâmicas, ou seja, com o judaísmo e o islã, tem para a convivência pacífica na sociedade uma relevância tão grande como o diálogo com a cultura secular moderna. No diálogo das religiões, trata-se de contribuir para o discurso social sobre a configuração futura de uma sociedade mais livre com rosto humano, na qual o respeito pela dignidade humana e um conjunto de normas universalmente vinculativas habilitem todas as pessoas a organizarem pacificamente a vida comum em respeito e tolerância mútuos. Esse diálogo das religiões só tem sentido numa atitude de abertura e estima recíprocas que possibilite afirmar convictamente a identidade pessoal e, ao mesmo tempo, entender serenamente os outros.

O diálogo inter-religioso não pode ser confundido com o habitual relativismo, no qual tudo é declarado igualmente válido e se renuncia à identidade pessoal. A finalidade do diálogo é o encontro com o outro, que é diferente, a fim de não só entender em maior profundidade o *próprio*, mas também de conhecer verdadeiramente a riqueza do *diferente*. Só interlocutores conscientes de sua identidade podem descobrir o bom, o verdadeiro e o belo que também há no outro; experienciá-lo como enriquecimento para a sua fé e ser realmente tolerantes com as convicções alheias. Mais do que persuadir, o diálogo autêntico convence. Dá razão da esperança que albergamos e nos sustenta (cf. 1Pd 3,15). Por isso, o diálogo não é um assunto meramente intelectual, mas uma forma de vida, uma busca comum da verdade da vida.

Nesse sentido, para os cristãos, "diálogo" significa transcender os seus limites em direção ao outro e, respeitando a sua alteridade, dar-lhe testemunho do Evangelho de Jesus Cristo com palavras e atos. Através desse encontro dialógico é possível descobrir, elevar e consumar para glória de Deus as sementes do bem, presentes no coração e no espírito dos seres humanos.

7

"Sou uma missão nesta terra"

Doze passos de uma espiritualidade missionária hoje

A Igreja não vive para si, mas está vinculada muito estreitamente à família humana e lhe foi entregue uma tarefa em relação ao mundo. "As alegrias e as esperanças, as tristezas e as angústias dos homens de hoje, sobretudo dos pobres e de todos aqueles que sofrem, também são as alegrias e as esperanças, as tristezas e as angústias dos discípulos de Cristo. Não há nada verdadeiramente humano que não encontre eco no seu coração. A comunidade cristã é integrada por homens que, reunidos em Cristo, são guiados pelo Espírito Santo no seu peregrinar em direção ao Reino do Pai e receberam a Boa-nova da salvação para comunicá-la a todos" (GS, 1).

Para que possamos realizar em nossa vida, enquanto crentes individuais e como comunidade eclesial, essa missão de comunicar a todos os homens a mensagem de salvação, precisamos de uma espiritualidade missionária.

O centro íntimo de uma espiritualidade missionária é a disposição de sair para as periferias, de ir aonde as pessoas esbarram com os seus limites existenciais, em vez de permanecer em si mesmas e nos círculos com que se familiarizaram.

Entre as características de uma espiritualidade missionária contam-se o entusiasmo por Jesus Cristo e pela sua Igreja, a irradiação cheia de alegria, a paciência, a bondade e a misericórdia. No passado, a força impulsora da evangelização apenas consistia no amor de Cristo; e assim continuará a ser no futuro. "Porque o amor de Cristo nos compele" (2Cor 5,14). Quem crê no amor de Cristo e está consciente da singularidade da salvação em Jesus Cristo está sempre grato pela fé recebida. E quem é agradecido sentirá a necessidade interior de comunicar esta fé aos seus semelhantes. Daí que a transmissão da fé seja, no fundo, a maior ação possível de amor ao próximo. Por conseguinte, a meta da nossa espiritualidade missionária não é senão viver o mandamento do amor a Deus e ao próximo.

"Eu sou uma missão nesta terra e, para isso, estou no mundo. Temos de nos reconhecer como marcados a fogo por esta missão de iluminar, abençoar, vivificar, levantar, sarar e libertar" (EG, 273). Na Exortação Apostólica *Evangelii Gaudium*, o Papa Francisco propôs um programa para a saída missionária; trata-se igualmente de uma obra-prima espiritual para a renovação interior dos cristãos e da Igreja, de um convite a refletirmos cristãmente sobre nós próprios, de um estímulo para vivermos com estilo missionário a condição cristã no nosso tempo. As ideias do papa nos ajudam a reconhecer os sinais dos tempos e a redescobrir aspectos esquecidos do ser cristão e do ser Igreja para realizá-los na vida diária. O seu texto oferece orientação e abre, para nós cristãos, uma perspectiva para que vejamos sob uma nova luz, o encargo e a missão da Igreja. O grande alcance desse documento consiste em pôr a Igreja e todos os cristãos em estado de missão permanente: uma saída que só podemos realizar com êxito se confiarmos conjuntamente no Senhor da messe e estivermos dispostos a nos deixar renovar no espírito de entrega generosa através de uma espiritualidade missionária.

Para o Papa Francisco, o mais importante, perante a renovação e a saída missionária da Igreja, não são as reformas estruturais, mas a renovação espiritual através da conversão dos corações no encontro com Cristo. Por isso, para concluir este livro, gostaria de apresentar alguns elementos de uma espiritualidade missionária, sugeridos pela leitura da EG:

- cuidarmos da relação pessoal com Deus;
- assemelharmo-nos a Cristo;
- estarmos abertos aos dons do Espírito;
- defendermos convictamente a nossa missão;
- sermos uns para os outros companheiros na caminhada de fé;
- estarmos agradecidos pelo que de bom há na Igreja;
- encontrarmos um novo estilo de trato pessoal;
- vivermos o espírito de serviço;
- encontrarmos Cristo nos pobres;
- praticarmos o discernimento de espíritos;
- resistirmos às tentações;
- descobrirmos a força da oração de petição.

7.1 Cuidarmos da relação pessoal com Deus

O pressuposto básico de toda a espiritualidade missionária é a relação pessoal de cada indivíduo com Deus. Cada um de nós deve empreender uma peregrinação interior para redescobrir a essência do ser cristão: a relação pessoal e transformadora da vida com Jesus Cristo, a chamada ao seguimento e à vida com Jesus Cristo. O exemplo para a nossa vida é a vida de Jesus com o seu Pai. Se o indivíduo estiver unido a Deus, atuar a partir dessa união com Deus e constituir juntamente com os outros cativados por Deus a comunidade eclesial, então a Igreja poderá viver a sua missão. Em contrapartida, como mera assembleia de pessoas centradas no seu eu, a Igreja se tornará autorreferencial. Nesse caso, se arvorará em critério para todas as coisas. Só uma relação com Deus, vivida e experienciada, poderá superar o egoísmo humano e a tentação de nos centrarmos no eu.

O aprofundamento na fé constitui o fundamento para um testemunho de fé atrativo. Embora pareça óbvio, recordemos que Deus é infinitamente maior do que nós. Por conseguinte, é inerente a qualquer espiritualidade missionária voltar a mergulhar existencialmente na consciência da grandeza de Deus, conceder-lhe mais espaço em nossa vida e fazer do seu reinado o conteúdo da nossa vida. A entrega do nosso eu segundo a lógica do Evangelho leva-nos à libertação interior e à alegria do coração.

A relação pessoal com Deus constitui o centro permanente da condição cristã, de que brota tudo o mais. Esse centro deve permanecer reconhecível no meio de todas as atividades eclesiais. Dele também flui a força para o compromisso social da Igreja, e o primeiro é dar pão aos famintos; mas, depois, também devemos suscitar, nos saciados, a fome espiritual e o anseio por Deus (cf. EG, 200). Quem ama a Deus de coração sente a necessidade interior de ultrapassar os seus egoísmos e ajudar as pessoas a alcançar a salvação integral.

A saída para uma nova etapa da evangelização será decidida, única e exclusivamente, no problema de Deus. Poderemos caminhar jubilosos para o futuro se fizermos com que a Igreja seja visível e experienciável como lugar da presença e da ação de Deus, de maneira que as pessoas redescubram, na comunidade eclesial, o Deus do seu anseio. Poderemos voltar a suscitar esse anseio nos seres humanos? Seremos capazes, como Igreja, de dar este Deus aos homens? A força necessária para transmitir o Evangelho aos seres humanos encontramo-la como Igreja, que dá graças a Deus, o adora e o glorifica.

7.2 Assemelharmo-nos a Cristo

Numa espiritualidade missionária, tenho de dirigir o meu olhar sempre para Cristo, de me tornar cada vez mais como Cristo e de retomar diariamente a caminhada da conversão. É vocação dos cristãos saírem sempre, estarem constantemente a caminho, esforçarem-se para se assemelharem a Cristo.

O crescimento na vida espiritual deve ser entendido como um processo no qual não podemos nos deter e que, por vezes, nos obriga a percorrer caminhos insólitos para chegar a Jesus. Assim como o paralítico foi levado até Jesus pela abertura do teto da casa, também nós temos de procurar uma entrada, através da qual possamos chegar aonde Ele está. O crescimento na vida espiritual exige que percorramos o caminho da encarnação. Por esse caminho descobrimos a nossa condição humana na perspectiva de Deus, experienciamos o nosso caminho como pessoas na ótica de nossa origem e de nosso destino.

Nos diferentes âmbitos em que nos movemos, o fundamento de nossa ação evangelizadora é a união interior e pessoal com Jesus Cristo. Tem de ser impetrada, cultivada e aprofundada dia após dia. É o núcleo da autocompreensão cristã e da permanente força motivadora de todo o ministério pastoral. Só teremos energia e motivação para levar Jesus aos homens, se estivermos verdadeiramente "apaixonados" por Ele. Então, poderemos auxiliar os homens na medida em que nos abrirmos ao amor misericordioso de Deus e, consequentemente, abrirmos o mundo à misericórdia divina.

7.3 Estarmos abertos aos dons do Espírito

A espiritualidade missionária é uma vida a partir da confiança de que o Espírito de Deus pode fazer novas todas as coisas. Se nos abrirmos ao Espírito de Deus, Ele poderá fazer tudo o que nós sozinhos não conseguimos. A espiritualidade é um exercício de crente que se apercebe de que é o próprio Deus quem opera em nós. Desse modo, somos capazes de nos elevar até Deus na oração. O Espírito de Deus que atua em nós faz-nos generosos e liberta-nos de uma atitude espiritual de isolamento. Move-nos a fazer o bem e a partilhar a vida com outros (cf. EG, 282). Os dons (carismas) com que o Espírito nos presenteia têm primordialmente uma orientação missionária. O Espírito Santo concede os seus dons ao indivíduo para a edificação da Igreja, e o amor mantém unidos esses carismas (cf. 1Cor 13). Daí que toda a espiritualidade missionária exija que nós, os crentes, reconheçamos reciprocamente os nossos carismas, entendendo-os como complementares. A comunhão fraterna e a solicitude recíproca dos crentes na Igreja são elementos indispensáveis para um testemunho convincente. A unidade e a pluralidade da Igreja como diversidade reconciliada é um fruto seguro do Reino de Deus.

7.4 Defendermos convictamente a nossa missão

A espiritualidade missionária inclui a certeza sobre a nossa missão mais específica. Como cristãos chamados e enviados por Cristo, somos partícipes do seu ministério; somos enviados ao mundo como mensageiros de Cristo: "Iluminar, abençoar, vivificar, levantar, sarar e libertar" (EG, 273). Cristo precisa de legados, de porta-vozes, de testemunhas, para que a sua mensagem chegue às pessoas através não só do testemunho vital dos crentes, mas também do ministério salvífico da Igreja. A missão da comunidade eclesial depende inteiramente dos seres humanos.

A pergunta decisiva é: Onde é que há na Igreja pessoas que se consumam de paixão interior por Cristo e pela sua Igreja e que reúnem a coragem crente de enfrentar os desafios da missão? A missão só poderá ter êxito com pessoas interiormente emocionadas e convencidas pela mensagem de Cristo.

Através da nossa participação ativa nas realizações vitais da Igreja – a celebração da liturgia, a diaconia integral e o anúncio gozoso e convincente da mensagem de salvação com fatos e palavras – prolongamos o ministério salvífico de Cristo aos homens. Encontraremos o nosso próprio papel e a missão pensada para nós se refletirmos existencialmente sobre o acontecimento de Cristo e, em virtude de uma relação vivida com Ele, nos convertermos cada vez mais em pessoas que creem, esperam e amam.

Cada cristão deve viver por si próprio a sua condição cristã; ninguém poderá vivê-la por ele. Cada cristão também deverá se preocupar com a sua salvação e saber que é responsável pelas suas ações e omissões. Nessa consciência podemos fazer com que a individualização atual dê frutos a partir do ponto de vista missionário. Os cristãos que vivem convictamente a sua fé conferem atrativo missionário à Igreja. De fato, "evangelização" não significa persuadir outrem, mas viver de tal modo como cristão, que outras pessoas percebam a nossa vida como bela e cheia de sentido, a fim de que elas próprias se interroguem sobre quem é Jesus Cristo, o que significa a Igreja e como é que a fé cristã constitui uma base para uma vida sensata. Nesse sentido, cabe afirmar que não somente temos uma mensagem para anunciar, mas que nós mesmos somos a mensagem.

A evangelização terá êxito quando e onde nós, cristãos, vivermos a fé com alegria e convicção interior. Uma espiritualidade missionária nos leva a fazer as perguntas decisivas e a responder--lhes com a nossa vida. São elas: Como podemos fazer que as pessoas que encontramos experienciem um pouco do amor e da misericórdia de Deus? Como podemos dar testemunho da beleza do Evangelho através da nossa vida? Como podemos suscitar em outras pessoas o anseio de Deus através da nossa existência e da nossa forma concreta de viver como cristãos? Como podemos contribuir para a construção e configuração do futuro da Igreja, suscitando esperança e confiando plenamente em Deus?

7.5 Sermos para os outros companheiros na caminhada da fé

Se experimentarmos pessoalmente a fé como uma força que possibilita e propicia a vida em plenitude, crescerá em nós o desejo de partilhar essa experiência com outras pessoas. A espiritualidade missionária promove o florescimento de lugares vitais da fé, nos quais os encontros, os diálogos crentes e a hospitalidade vivida passam a fazer parte do nosso estilo de vida. A empatia, a solidariedade e o amor fraterno visibilizam a força criadora do Evangelho onde quer que os crentes procurem caminhos e sejam uns para os outros companheiros na caminhada de fé e de vida.

Poderemos nos tornar uma Igreja convidativa, aberta e acolhedora se todos e cada um de nós, impregnados da verdadeira catolicidade da Igreja e sustentados por uma espiritualidade missionária, desenvolvermos uma atitude e uma cultura de abertura, convite e acolhimento. A relação interior de cada crente com Cristo é a fonte de energia para tornar realidade a visão de uma Igreja aberta e voltada para as pessoas.

De cada um de nós depende nos tornarmos verdadeiramente "católicos, ou seja, universais, e dispostos a penetrar até o mais profundo da fé. Que absorvamos a plenitude católica e, sem vontade de congregacionalização, vivamos a amplitude católica abertos ao mundo. O Papa Francisco nos convida a sermos "católicos", no sentido próprio da palavra, a vivermos e a atuarmos tendo por base a plenitude do que é ser católico.

Da relação vivida com Cristo surgem novas relações interpessoais e, consequentemente, uma rede de fraternidade cristã. Devemos evitar tudo aquilo que nos impeça viver a alegria do Evangelho e deixarmo-nos curar e transformar pelo encontro com Jesus. Reiterada e encarecidamente nos exorta o Papa Francisco: "Não deixemos que nos roubem o entusiasmo missionário!" (EG, 80); "Não deixemos que nos roubem a alegria evangelizadora!" (EG, 83); "Não deixemos que nos roubem a esperança!" (EG, 86); "Não deixemos que nos roubem a comunidade!" (EG, 92); "Não deixemos que nos roubem o Evangelho!" (EG, 97); "Não deixemos que nos roubem o ideal do amor fraterno!" (EG, 101); "Não deixemos que nos roubem a força missionária!" (EG, 109).

7.6 Estarmos agradecidos pelo que de bom há na Igreja

"A nossa dor e a nossa vergonha pelos pecados de alguns membros da Igreja e de nós próprios não devem fazer com que se esqueçam todos aqueles cristãos que dão a vida por amor: ajudam muita gente a curar-se ou a morrer em paz em precários hospitais; ou acompanham pessoas escravizadas por várias dependências, nos lugares pobres da terra; ou se desgastam na educação de crianças e jovens; ou cuidam de idosos abandonados por todos; ou se entregam, de muitos outros modos, mostrando esse imenso amor à humanidade que nos foi inspirado pelo Deus feito homem. Esse testemunho faz-me muito bem e apoia o meu desejo de superar o egoísmo para me entregar ainda mais" (EG, 76). Na *Evangelii Gaudium*, o Papa Francisco não só dirige um olhar franco às tentações e debilidades da Igreja, mas também acentua a contribuição positiva que a comunidade eclesial realiza no mundo atual. De fato, como cristãos católicos podemos estar agradecidos e nos sentirmo orgulhosos, em sentido positivo, pelo fato de no mundo não existir nenhuma instituição comparável que faça tanto bem, mesmo de forma incógnita, como a Igreja. De uma espiritualidade missionária faz parte não apenas nos sentirmos muitíssimo alegres e agradecidos, em prol do Evangelho, pelo bom e belo que acontece na Igreja, mas também pelo fato de se dar testemunho disso.

7.7 Encontrarmos um novo estilo de tratamento pessoal

Uma espiritualidade missionária desenvolve a coragem para a autocrítica e para um autêntico exame de consciência, em vez de pôr a culpa "nos outros" ou "na Igreja". O Papa Francisco apela para uma nova motivação de todo o povo de Deus e chama a nossa atenção para as razões pelas quais, na Igreja, necessitamos de uma mudança de mentalidade e de um novo estilo. Tem de acontecer nada menos que uma revolução do coração e do amor. Na Igreja, cada um de nós deve perguntar a si mesmo: O que posso fazer no meu lugar, na minha vida e no meu âmbito ministerial para que o Evangelho de Jesus Cristo se torne realidade experienciável? Se ouvimos a voz viva do Evangelho também podemos dar-lhe uma voz audível.

Todos devemos aprender a aplicar a nós mesmos muitas frases que utilizamos na vida diária da Igreja e no debate eclesial:

• "A Igreja deve ser uma Igreja filantrópica." – "Eu mesmo devo ter, como pessoa e como cristão, uma atitude filantrópica."

• "A Igreja deve estar próxima de Deus e dos seres humanos." – "Como crente, devo estar próximo de Deus, para assim poder estar próximo dos homens."

• "A Igreja deve ser dialogante." – "Devo examinar-me para saber em que medida sou dialogante."

- "Na Igreja, o poder deve ser serviço." – "Como entendo o meu ministério e a autoridade que o Senhor me concedeu através da Igreja? Como a vivo?"
- "A Igreja deve ser interessante e atrativa." – "O que faço para que a Igreja se torne atrativa para as pessoas?"
- "A Igreja deve ser autêntica." – "Vivo a minha fé de modo autêntico?"
- "A Igreja deve ser misericordiosa e compreensiva." – "Comporto-me com misericórdia ou autoritariamente comigo mesmo?"
- "A Igreja não deve se colocar no centro." – "Com que frequência me sinto ofendido e me torno insuportável quando não ocupo o centro?"

Tudo "deveria" e tudo "teria de" remetem retrospectivamente a cada um de nós. Nunca haverá verdadeira "saída" na Igreja se não combatermos decisivamente o pecado do "havia de se" ou "devia-se", como nos recorda o Papa Francisco: "Entretemo-nos, vaidosos, a falar sobre 'o que se deveria fazer' – o pecado do 'deveriaqueísmo' – como mestres espirituais e sábios pastores que apontam a partir de fora" (EG, 96).

Todos desejamos, com razão, uma Igreja autêntica, humilde, simples e merecedora de confiança. Esse desejo se cumprirá quando cada um de nós, cada crente e cada pessoa comprometida na Igreja, viver a sua condição cristã de modo autêntico, humilde, simples e sincero, dando testemunho disso. Só poderemos satisfazer essa exigência se cada um de nós suplicar incessantemente, na oração, a força do Espírito Santo.

7.8 Vivermos o espírito de serviço

A espiritualidade missionária encontra o critério da sua autenticidade no espírito de serviço, numa motivação que nasce do conhecimento interior e num sentimento de responsabilidade pessoal pela difusão do Evangelho. O Papa Francisco deseja uma consciencialização missionária em todos os âmbitos e também menciona desafios que enfrentamos na vida pastoral de todos os dias. "Quando mais precisamos de um dinamismo missionário que leve sal e luz ao mundo, muitos leigos têm receio de que alguém os convide a realizar alguma tarefa apostólica e tratam de escapar a qualquer compromisso que lhes possa tirar o seu tempo livre. Hoje, tornou-se muito difícil, por exemplo, conseguir catequistas preparados para as paróquias e que perseverem na tarefa durante alguns anos. Algo semelhante acontece com os sacerdotes, que cuidam com obsessão do seu tempo pessoal. Frequentemente, isto se deve ao fato de as pessoas necessitarem imperiosamente de preservar os seus espaços de autonomia, como se uma tarefa evangelizadora fosse um veneno, e não uma resposta alegre ao amor de Deus que nos convoca para a missão e nos torna plenos e fecundos. Alguns resistem a provar o gosto da missão e permanecem sumidos numa acédia paralisante" (EG, 81).

A maturidade humana e espiritual dos agentes de pastoral é um pressuposto fundamental para a ação fecunda da Igreja. Em cada um de nós, a tarefa espiritual de trabalhar a partir do conhecimento interior é um desafio contínuo. Tudo isto poderá nos parecer simples e bastante conhecido, mas não perdeu em nada sua atualidade. A desejada saída missionária da Igreja só poderá ser vitoriosa se os quadros de comando da Igreja, o "pessoal de terra de Deus", se tornarem mais espirituais e, por isso, também mais humanos; se tornarem mais homens e mulheres de Deus. Pois quem tiver alguma responsabilidade na Igreja poderá entorpecer a força irradiadora da fé, mas também pode fazer com que ela resplandeça plenamente. Para isso, a Igreja não precisa de "homens e mulheres de ação", mas de "místicos". Na Igreja, o que é decisivo não é ter a aparência de cristão, mas sê-lo realmente em Cristo.

Os impulsos e sugestões que o papa oferece na EG valem para todos, não só especialmente para os bispos, sacerdotes, religiosos e religiosas, teólogos e teólogas, mas também para as pessoas pastoralmente ativas na Igreja, sejam contratadas ou voluntárias. Todos devem estar a serviço da evangelização e, em consonância com o seu ministério e a sua posição, tornarem-se transparentes para Cristo, serem portadores de Cristo. Algumas observações pertinentes do papa sobre a conduta dos agentes de pastoral são dignas de toda a consideração (cf. EG, 95ss.). Deveríamos tê-las presentes quando, por exemplo, das eleições e das nomeações nas dioceses e comunidades religiosas no mundo inteiro. O papa abordou o conhecido fenômeno de alguns ministros sagrados, depois de sua eleição ou nomeação, não terem o serviço como a sua principal preocupação, mas o seu poder, a sua glória e a sua dignidade pessoais. Esses comportamentos absorvem abundantes energias, dificultando assim em última análise uma evangelização fecunda. Por isso, o Papa Francisco exorta os responsáveis da Igreja a entenderem o seu ministério como serviço, e a não se porem no centro, mas sim Jesus Cristo e a missão que Ele entregou à Igreja. Com a expressão "mundanidade espiritual", o Papa Francisco se refere ao cultivo das vaidades pessoais sob a capa da religião. Na força do Espírito Santo, todos nós devemos estar dispostos a transformar esta mundanidade espiritual em humanismo espiritual. Se conseguirmos fazer nosso um novo humanismo, nos tornaremos pastores em sintonia com o coração de Jesus.

Hoje, o pastor tem de procurar não só a ovelha perdida, mas também uma grande parte do rebanho. Esses pastores que procuram o rebanho ficarão impregnados com o odor da ovelha e devem levá-la ao redil; para continuar com a imagem do papa: o fragrante odor de Deus, o aroma da alegria do Evangelho.

Na medida em que o futuro da Igreja depende de nós, o decisivo será a resposta à pergunta de como nós mesmos, como cristãos crentes, vivemos o Evangelho de Jesus Cristo e, consequentemente, nos tornamos modelos e mestres da fé. Essa função de modelo é pedida sobretudo aos ativamente comprometidos na pastoral. Porque só o Evangelho vivido pode comover verdadeiramente o coração das pessoas. Nesse contexto, o discurso do Papa Francisco à Cúria Romana, por ocasião das felicitações natalícias, adquire um insuspeitado e profundo significado para todas as pessoas ativas na Igreja. O propósito do papa na EG manifesta-se aqui de maneira especial. Tudo o que dizemos da Igreja e lhe exigimos não devemos formulá-lo na terceira pessoa, mas na primeira do singular: eu! Quando afirmo "A Igreja deve ser reformada e transformada", deveria antes dizer a mim como cristão: "Devo pôr-me no lugar da Igreja de modo que a exigência aponte para mim, pois sou eu quem deve renovar-se e transformar-se". O que dá credibilidade ao anúncio da mensagem não é uma Igreja abstrata, mas os crentes individuais na Igreja, especialmente aqueles que, em virtude do seu ministério, dão à Igreja um rosto perceptível, mas no seu comportamento contradizem o espírito do Evangelho. Assim como o hábito não faz o monge, assim também o Batismo, por si só, não faz com que os cristãos sejam pessoas melhores; nem o Sacramento da Ordem faz, por si só, com que o ordenado seja melhor cristão. Para que a graça do sacramento desenvolva todo o seu efeito, quem recebe os sacramentos deve cooperar com Deus: "Recomendo-te que reacendas o dom de Deus que se encontra em ti, pela imposição das minhas mãos" (2Tm 1,6).

Viver em espírito de serviço significa apropriar-se da oração de Jesus: "Faça-se a tua vontade". Esta súplica deveria caracterizar especialmente a atitude de quem participa ativamente na Igreja. Da espiritualidade missionária faz parte a disposição, num compromisso pela grande visão de Deus, de ir ao encontro de todos os seres humanos. Porque o Senhor não disse aos seus discípulos que pescassem à linha, mas que lançassem as redes aos peixes; nem tampouco buscassem a sua glória, mas a de Deus. Essa autocompreensão dos primeiros apóstolos foi imediatamente expressa e, sem cessar, repetida nos séculos posteriores pelos santos da Igreja. Santo Inácio de Loyola dirá: "Tudo para a maior glória de Deus". São Vicente de Paulo intensificá-lo-á ainda mais: "Tudo para a infinita glória de Deus".

O Papa Francisco deseja que todas as pessoas que, na Igreja, desempenham ministérios e serviços cresçam nessa atitude: que o indivíduo não ponha nem a sua pessoa, nem o seu ministério, nem a sua glória, no centro, mas apenas e só a glória de Deus. Sem o testemunho de entrega espiritual, sem a generosidade humana e o humanismo espiritual do indivíduo, a comunidade de fé não pode tornar vivamente experienciável a credibilidade do Evangelho.

Que magnífica esperança poderíamos comunicar como povo peregrino de Deus ao mundo se, em espírito de serviço, harmonizássemos o amor a Deus com o amor ao próximo, com todas as necessárias distinções entre ambos! Como poderíamos nos comprometer intensamente pelo bem-estar das pessoas, pela justiça e pela melhoria da situação dos pobres e necessitados, se não perdêssemos muita força de nossa missão em debates infindáveis intraeclesiais sobre reformas estruturais, sobre finanças e distribuição do poder; se também não nos enredássemos nas diversas guerras narcisistas e egocêntricas entre as pessoas comprometidas na instituição eclesial!

7.9 Encontrarmos Cristo nos pobres

Uma espiritualidade missionária vive da experiência de que o serviço aos outros e a um mundo sofredor é lugar de encontro com Cristo. Nessa perspectiva, a dimensão social da fé pode ser o lugar preferido de encontro com Cristo e, por conseguinte, da saída missionária.

Somos chamados a nos orientar pelos princípios fundamentais da verdade do Evangelho seguindo Cristo, que se fez pobre por nós. Se tomarmos como norma o Reino de Deus, poderemos certamente ter a capacidade e a força para advogarmos em favor dos pobres e da justiça no mundo. Então, encheríamos de vida as palavras do Papa Francisco: "Por isso, quero uma Igreja pobre para os pobres" (EG, 198). A Igreja entende o seu serviço como ação salvífica de Deus quando vive conscientemente a sua pobreza existencial. Só assim poderá ser esperança para o mundo; pois a ação de Deus é o centro sustentador da comunidade eclesial, aquilo que faz dela o que é e o que deve ser. Se se prescindisse desse centro, nada mais restaria do que ativismo humano. Uma Igreja pobre para os pobres significa não construir uma Igreja de homens somente em virtude do nosso pensamento, sem fundamentar o próprio ser e a missão da Igreja na atuação salvífica de Deus.

7.10 Praticarmos o discernimento de espíritos

A fé cristã pode impregnar e transformar a sociedade em que se vive, dando orientação para enfrentar as questões sociais à luz do Evangelho. De uma espiritualidade missionária faz parte o discernimento de espíritos com ajuda do Evangelho. As diversas sociedades não podem mudar e adaptar arbitrariamente a mensagem fundamental da fé. Esta não pode renunciar ao seu potencial profético, porque a Igreja tem o encargo de transformar o mundo à luz do Evangelho, não de deixar se transformar pelo mundo. É tarefa dos crentes comunicar à sociedade, de forma argumentativa e dialogal, a convicção católica fundamental. O Espírito sopra onde quer (cf. Jo 3,8); mas nem toda a moção do espírito da época é uma inspiração do Espírito Santo. Os cristãos devem se exercitar no discernimento entre o que realmente procede do Espírito Santo e o que vem do espírito da época ou das próprias ideias. O critério do discernimento é a correspondência com o Evangelho de Jesus Cristo, tal como o interpreta e entende a tradição viva da comunidade de fé. A missão da Igreja se baseia na experiência das testemunhas, exprime-se em relações e tem como objetivo a transmissão da mensagem: "Em consequência das pretensões e condicionamentos do mundo, esse testemunho se torna obscurecido, as relações alienadas e a mensagem relativizada... Para cumprir a missão, a Igreja também deverá se distanciar continuamente do seu ambiente; deverá, por assim dizer, 'desmundanizar-se', isto é, desligar-se do mundo"[42]. Quando fala da necessária "desmundanização" (*Entweltlichung*) da Igreja, Bento XVI está nos exortando para que nos libertemos de falsas dependências, para que a Igreja possa cumprir o seu verdadeiro encargo. A "desmundanização" propicia a conservação da identidade da Igreja. Sem a cruz e sem a abertura crente à expectativa da consumação futura não podemos entender a mensagem de Jesus na sua radicalidade.

Uma espiritualidade do discernimento de espíritos não conduz nem a uma mundanização acomodatícia nem a uma retirada medrosa do mundo. Não podemos nos guiar acriticamente pelos critérios deste mundo perdendo de vista o Reino de Deus nem tampouco nos retirarmos do mundo a favor do qual e no qual devemos desenvolver o encargo que recebemos.

Precisamos do discernimento de espíritos para reunir a força moral necessária para chamar, profética e criticamente, a atenção para as estruturas injustas e para a opressão das pessoas e nos comprometermos ativamente em favor da libertação integral e da dignidade das pessoas. Deus enviou o seu Filho ao mundo para

---

[42] BENTO XVI. "Encontro com católicos comprometidos na Igreja e na sociedade". Friburgo, 25/09/2011.

trazer a salvação integral aos seres humanos. Levando em conta que participamos na sua missão salvífica, também somos enviados ao mundo tal como Jesus Cristo foi enviado ao mundo pelo seu Pai. Por isso, o caminho do ser humano não é uma retirada do mundo, mas uma contribuição para a configuração do mundo na força do Evangelho.

Somos chamados a dar testemunho da nossa fé em Deus no meio do tumulto do mundo, dando crédito à nossa fé na vida diária. No lugar onde vivemos e trabalhamos deve ganhar forma a fé e impregnar, partindo do espírito e da força do Evangelho, a nossa ação e a configuração da nossa vida. O fato de sermos cristãos nos impele a ajudar que o mundo seja transformado em Cristo e não se deixe expulsar com a afirmação de que a religião é um assunto privado. A finalidade da missão consiste em romper o modelo incessantemente repetido e a lógica das estruturas do mundo e desenvolver, impelidos pela força de Deus, novas atitudes morais, espirituais e religiosas. Como cristãos, devemos reconhecer que somos chamados a horizontes mais amplos e, por isso, não podemos deixar de dirigir o olhar para o alto. O compromisso cristão comporta que se mantenha continuamente viva no mundo a recordação da meta que Deus pensou para ele desde a criação.

7.11 Resistirmos às tentações

Como filhos do nosso tempo, sucumbimos sem cessar a tentações que tiram força de irradiação de nossa mensagem. Isso se aplica especialmente aos agentes de pastoral. Por isso, o Papa Francisco menciona "algumas tentações dos agentes pastorais" (cf. EG, 76-109), para nos tornar conscientes de como e por onde começar a necessária reforma e renovação da Igreja; não pelas estruturas nem pelos outros, mas sobretudo por nós mesmos. Porque, se não acontecer uma renovação espiritual e uma mudança de conduta nas pessoas comprometidas na comunidade eclesial, não poderá haver uma reforma autêntica nem dar-se uma nova saída missionária da Igreja. O que o papa denomina "tentações" representa um espelho para nós, diante do qual devemos questionar, sincera e autocriticamente, a nossa pessoa e a nossa conduta como agentes de pastoral. A mensagem do papa nessas seções da EG deve ser entendida como o núcleo do documento. Como principais tentações para os agentes de pastoral, o Papa Francisco menciona o egoísmo, o pessimismo, a "desertificação" espiritual, a mundanidade espiritual e as múltiplas formas de guerras intestinas. Se formos críticos deveremos reconhecer que faz parte da condição humana a possibilidade de sucumbirmos a essas tentações, independentemente da posição que ocupamos na Igreja ou do seu grau de responsabilidade.

Essa percepção é o primeiro passo em direção à mudança que começa com um sério exame de consciência de cada indivíduo, pelo qual ele pode descobrir essas inclinações e debilidades em sua vida. De uma espiritualidade missionária faz parte reconhecer essas tentações, resistir-lhes e enfrentá-las, vivendo inteiramente da força da fé no Espírito e pondo-nos conscientemente à disposição de Deus, para que Ele possa nos tomar ao seu serviço como seus instrumentos. Todas as pessoas que trabalham na Igreja devem ver o seu ministério não como profissão, mas como vocação. O posto e as horas de trabalho não podem ser o decisivo; mas teria de sê-lo a disposição para Deus e para os seres humanos. E não duvidemos de que esta será questionada incessantemente e tropeçará em objeções como: "Demasiado trabalho conduz ao esgotamento, ao *burnout*. É preciso respeitar o tempo livre". É justamente sobre essas reservas que o Papa Francisco quer chamar a atenção quando nos exorta carinhosamente a dizer não à acédia ou preguiça.

7.12 Descobrirmos a força da oração de petição

"Há uma forma de oração que nos estimula particularmente à entrega evangelizadora e nos motiva a procurar o bem dos outros: é a intercessão" (EG, 281). O Papa Francisco nos convida a descobrir a força missionária da oração de intercessão: "Os grandes homens e mulheres de Deus foram grandes intercessores. A intercessão é como 'fermento' no seio da Trindade. É o penetrarmos no Pai e o descobrirmos novas dimensões que iluminam as situações concretas e as mudam. Podemos dizer que o coração de Deus se comove com a nossa intercessão, mas na realidade Ele sempre se antecipa a nós, pelo que, com a nossa intercessão, somente tornamos possível que o seu poder, o seu amor e a sua lealdade se manifestem mais claramente no povo" (EG, 283).

A oração de petição é uma forma especial de sair de si, de estar junto do outro e de relacionar com Deus a vida do outro. Todos os cristãos podem se exercitar nessa forma de oração e, assim, acompanhar interiormente a atividade missionária da Igreja.

Epílogo

A Exortação Apostólica *Evangelii Gaudium* do Papa Francisco é um sinal para iniciar uma nova saída. É preciso refletir persistentemente nesse impulso profético e torná-lo frutífero para a evangelização com o objetivo de que a Igreja do nosso tempo seja sinal e instrumento adequado do Reino de Deus.

Podemos confiar que tudo correrá bem: Cristo, o Apóstolo, o Enviado do Pai eterno nos precede. Na medida em que contemplarmos Cristo e olharmos para a sua cruz como símbolo de vitória, caminharemos corajosamente com Ele, na força do Espírito Santo, para difundir a alegria do Evangelho.

O Papa Francisco nos exorta: "Saiamos, saiamos a oferecer a todos a vida de Jesus Cristo. Repito aqui para toda a Igreja o que muitas vezes disse aos sacerdotes e leigos de Buenos Aires: prefiro uma Igreja acidentada, ferida e manchada por sair à rua, a uma Igreja doente por ter se fechado e comodamente agarrada às suas seguranças. Não quero uma Igreja preocupada em ser o centro e que acabe presa num emaranhado de obsessões e procedimentos. Se alguma coisa deve nos inquietar santamente e preocupar a nossa consciência é que muitos dos nossos irmãos vivam sem a força, a luz e a consolação da amizade com Jesus Cristo, sem uma comunidade de fé que os acolha, sem um horizonte de sentido e de vida. Mais do que o receio de nos enganarmos, espero que nos mova o temor de nos fecharmos nas estruturas que nos dão uma falsa segurança, nas normas que nos tornam juízes implacáveis, nos costumes em que nos sentimos tranquilos, enquanto lá fora há uma multidão faminta e Jesus repete para nós, sem nunca se cansar: 'Dai-lhes vós mesmos de comer' (Mc 6,37)" (EG, 49).

Oxalá este livro dê um pequeno empurrão ao processo de recepção e de realização dessas indicações do Papa Francisco para o caminho.

Abreviaturas

Documentos do Concílio Vaticano II

CD: *Christus Dominus* – Decreto sobre o múnus pastoral dos bispos na Igreja.

GS: *Gaudium et Spes* – Constituição pastoral sobre a Igreja no mundo atual.

LG: *Lumen Gentium* – Constituição dogmática sobre a Igreja.

UR: *Unitatis Redintegratio* – Decreto sobre o ecumenismo.

Documentos do magistério pontifício

AAS: *Acta Apostolicae Sedis* – Publicação oficial da Santa Sé.

DC: *Deus Caritas Est* – Encíclica de Bento XVI sobre o amor cristão (2005).

EE: *Ecclesia in Europa* – Exortação apostólica pós-sinodal do Papa João Paulo II sobre o tema: "Jesus Cristo vivo na sua Igreja e fonte de esperança para a Europa" (2003).

EG: *Evangelii Gaudium* – Exortação apostólica do Papa Francisco sobre o anúncio do Evangelho no mundo atual (2013).

EN: *Evangelii Nuntiandi* – Exortação Apostólica do Papa Paulo VI sobre a evangelização no mundo atual (1975).

EO: *Ecclesia in Oceania* – Exortação apostólica pós-sinodal do Papa João Paulo II sobre "Jesus Cristo e os povos da Oceania..." (2001).

ES: *Ecclesiam Suam* – Encíclica do Papa Paulo VI sobre a Igreja, a sua renovação e a sua missão no mundo (1964).

GD: *Gaudete in Domino* – Exortação apostólica do Papa Paulo VI sobre a alegria cristã.

MV: *Misericordiae Vultus* – Bula de convocação do Jubileu Extraordinário da Misericórdia pelo Papa Francisco (2015).

NMI: *Novo Millennio Ineunte* – Carta apostólica do Papa João Paulo II ao concluir o Jubileu do Ano 2000 (2001).

PDV: *Pastores Dabo Vobis* – Exortação apostólica pós-sinodal do Papa João Paulo II sobre a formação dos sacerdotes (1992).

RM: *Redemptoris Missio* – Carta encíclica do Papa João Paulo II sobre a validade permanente do mandato missionário (1990).

TMA: *Tertio Millennio Adveniente* – Carta apostólica do Papa João Paulo II como preparação do Jubileu do Ano 2000 (1994).

UUS: *Ut Unum Sint* – Encíclica do Papa João Paulo II sobre o empenho ecumênico (1995).

Referências

AUGUSTIN, G. "Christlicher Glaube als Grundlage menschlicher Lebenskultur". In: AUGUSTIN, G. & KÖHLER, H. (eds.). *Glaube und Kultur*. Friburgo, 2014, p. 67-96.

_____. "Kirche und Wirtschaft – Kritik an den Reichen oder Ermutigung zum verantwortlichen Wirtschaften?" In: AUGUSTIN, G. & KIRCHDÖRFER, R. (eds.). *Familie* – Auslaufmodell oder Garant unserer Zukunft? Friburgo, 2014, p. 403-426.

_____. "Die Heilsuniversalität Christi und die Herausforderung des Christusbekenntnisses". In: AUGUSTIN, G. et al. (eds.). *Mein Herr und mein Gott* – Christus bekennen und verkünden. Friburgo, 2013, p. 628-646.

_____. "Wege zum Gelingen der Neuevangelisierung". In: AUGUSTIN, G. & KRÄMER, K. (eds.). *Mission als Herausforderung* – Impulse zur Neuevangelisierung. Friburgo, 2011, p. 141-167.

_____. *Gott eint, trennt Christus?* – Die Einmaligkeit und Universalität Jesu Christi als Grundlage einer christlichen Theologie der Religionen. Paderborn, 1993.

AUGUSTIN, G. (ed.). *Die Gottesfrage heute*. Friburgo, 2009.

BERGER, P.L. *The Desecularization of the World*. Washington, 1999.

BERGER, P.L. (ed.). *Between Relativism and Fundamentalism*. Michigan, 2010.

CAPUTO, J. & VATTIMO, G. *After the Death of God*. Nova York, 2007.

CASANOVA, J. *Public Religions in the Modern World*. Chicago, 1994.

HENNERKES, B.-H. & AUGUSTIN, G. (eds.). *Wertewandel mitgestalten* – Gut handeln in Gesellschaft und Wirtschaft. Friburgo, 2012.

HILLGRUBER, C. "Gefährdungen der Religionsfreiheit in den säkularen Gesellschaften Europas". In: *Communio*, 42, 2003, p. 612-620.

HÖLLINGEN, F. "Die Erfahrung der Präsenz des Göttlichen". In: FUNDAÇÃO BERTELSMANN (ed.). *Woran glaubt die Welt?* – Analysen und Kommentare zum Religionsmonitor 2008. Gütersloh, 2009, p. 453-477.

HUNTINGTON, S.P. *The Clash of Civilizations*. Londres, 1996.

INGLEHART, R. *Culture Shift in Advanced Industrial Society*. Princeton, 1990.

KASPER, W. *Paspt Franziskus: Revolution der Zärtlichkeit und der Liebe* – Theologische Wurzeln und pastorale Perspektiven. Estugarda, 2015 [trad. port.: *Papa Francisco* – A revolução da misericórdia e do amor. Prior Velho: Paulinas, 2015].

_____. *Barmherzigkeit* – Grundbegriff des Evangeliums: Schlüssel christlichen Lebens. Friburgo, 2013 [trad. port.: *A misericórdia*: condição fundamental do Evangelho e chave da vida cristã. Parede: Lucerna, 2015].

_____. "Neue Evangelisierung – eine pastorale, theologische und geistliche Herausforderung". In: AUGUSTIN, G. & KRÄMER, K. (eds.). *Mission als Herausforderung* – Impulse zur Neuevangelisierung. Friburgo, 2011, p. 23-39.

_____. *Katholische Kirche*: Wesen, Wirklichkeit, Sendung. Friburgo, 2011 [trad. esp.: *Iglesia católica*: esencia, realidad, mission. Salamanca: Sígueme, 2013].

_____. *Das Evangelium Jesu Christi*. Friburgo, 2009 [trad. esp.: *El Evangelio de Jesucristo*. Santander: Sal Terrae, 2013].

_____. *Jesus der Christus*. Friburgo, 2007 [trad. esp.: *Jesús el Cristo*. Santander: Sal Terrae, 2013].

_____. *Theologie und Kirche*. Mainz, 1987 [trad. esp.: *Teología e Iglesia*. Barcelona: Herder, 1989].

KOCH, K. *Entweltlichung und andere Versurche, das Christliche zu retten*. Ausburgo, 2012.

LUHMANN, N. *Die Religion der Gesellschaft*. Frankfurt, 2000.

NORRIS, P. & INGLEHART, R. *Sacred and Secular* – Religion and Politics Worldwide. Nova York, 2004.

PAPA FRANCISCO. *Evangelii Gaudium* – A alegria do Evangelho. Prior Velho: Paulinas, 2014.

SIMON, L. & HAHN, H.-J. (eds.). *Europa ohne Gott* – Auf des Suche nach unserer kulturellen Identität. Witten, 2007.

TAYLOR, C. *Ein säkulares Zeitalter*. Frankfurt, 2009.

Índice das citações bíblicas

Antigo Testamento

Êxodo (Ex)
3,10 25
3,17 25

Gênesis (Gn)
12,1-3 25

Isaías (Is)
40,31 23
43,19 14

Jeremias (Jr)
1,7 25

Neemias (Ne)
8,10 21

Sofonias (Sf)
3,17 20

Novo Testamento

Atos dos Apóstolos (At)
2,46 21
4,20 54
4,32 29
8,39 21
13,52 20s.
16,34 21
17,23 63

Colossenses (Cl)
1,15-20 62

1Coríntios (1Cor)
1,23-24 61
3,9 78
4,7 107
9,16 112
11,23 90
12,11 87
13 142

2Coríntios (2Cor)
5,14 69, 112, 138

Efésios (Ef)
1,3-23 62
3,18-19 69
4,1-6 116
4,16 76
5,27 75

Filipenses (Fl)
2,5-11 97
4,4 19

Gálatas (Gl)
5,6 115

Hebreus (Hb)
12,1 107
13,7 107

João (Jo)
1,39 107
1,40-42 67
3,8 152
5,24 18
10,1-10 78
10,11 78
12,24 23
13,35 117
14,6 18
15,1-5 78
15,11 20
16,20.22 20
17,3 39
17,14-18 123
17,21 86, 103
17,21-23 103
17,22 86
17,23 103
17,26 103
20,20 20

1João (1Jo)
1,3 87
3,8 152
4,8 109

Lucas (Lc)
1,28 19
2,14 54
4,18 15, 96
6,37 121
11,20 16
12,32 16
15,3-7 17
17,21 16
19,8 22
19,10 96

Mateus (Mt)
4,17 16
6,33 104, 111
7,12 121
7,21 17
10,7-15 107
13,16-17 17
13,44-46 17
16,15 63
16,15-16 72
22,21 44
25 98

Marcos (Mc)
1,15 15
1,27 16
6,37 158
10,15 17

1Pedro (1Pd)
2,9 96
3,15 51, 136
5,2-3 106
5,4 78

Romanos (Rm)
3,25-26 62
8,24 68
12,2 45, 95
12,12 24

1Tessalonicenses (1Ts)
4,3 94
5,21 45

1Timóteo (1Tm)
2,4 62
2,5 61

2Timóteo (2Tm)
1,5 107
1,6 150

Sobre este livro

O Papa Francisco atribuiu à sua Exortação Apostólica *Evangelii Gaudium* uma relevância pragmática para o caminho da Igreja e exprimiu o seu desejo de que as ideias desse escrito não apenas não caíssem no esquecimento, mas permanecessem vivas (cf. EG, 25). Esse convite do papa inspirou-me, e ainda continua a fazê-lo. Se os impulsos contidos nesse magnífico documento se difundirem, a sua aceitação poderá conduzir a uma nova alegria jubilosa em Deus, na fé e na Igreja. A alegria da Boa-nova de Jesus Cristo é condição indispensável para a evangelização.

Numerosas pessoas contribuíram para o surgimento deste livro. Ramón Alfonso Díaz Aragón, diretor literário do Grupo de Comunicación Loyola, propôs-me que escrevesse o epílogo para uma edição espanhola da EG. Essa proposta deu-me o primeiro empurrão para estudar mais intensamente o texto da exortação apostólica. Seguiram-se várias jornadas de reflexão para diversos grupos, em cuja preparação e desenvolvimento me confrontei cada vez mais profundamente com a EG. Por isso, tornou-me evidente a grandeza do tesouro que se esconde nesse documento. Queira Deus que as ideias deste livro contribuam para desenterrar esse tesouro.

Quero agradecer ao Dr. Ulrich Sander, diretor literário da editorial Katholisches Bibelwerk, a esmerada supervisão do texto.

Os meus colaboradores do Instituto Cardeal Walter Kasper, Dr. Ingo Proft e os senhores Stefan Ley e Stefan Laurs, contribuíram para a preparação desta publicação com a maestria que os caracteriza. Graças a todos por isso!

Este livro quer incentivar e ajudar a redescobrir a alegria do Evangelho, a colocar no centro a prática da misericórdia e a nos atrevermos a ser novamente Igreja "em saída".

5 de junho de 2015
Festa de São Bonifácio, apóstolo da Alemanha
George Augustin
Vallendar/Estugarda

Publicações do autor

AUGUSTIN, G. *Zur Freude berufen* – Ermutigungen zum Priestersein. Friburgo, 2010 [trad. port.: *Colaboradores da vossa alegria* – O ministério sacerdotal hoje. Prior Velho: Paulinas, 2015].

_____. *Gott eint, trennt Christus?* – Die Einmaligkeit und Universalität Jesu Christi als Grundlage einer christlichen Theologie der Religionen. Paderborn, 1993.

AUGUSTIN, G. (ed.) *Die Gottesfrage heute*. Friburgo, 2009 [trad. esp. de vários capítulos: *El problema de Dios, hoy*. Santander: Sal Terrae, 2012].

AUGUSTIN, G. & HENNERKES, B.-H. (eds.). *Wertewandel mitgestalten* – Gut handeln in Gesellschaft und Wirtschaft. Friburgo, 2012 [trad. esp. de vários capítulos: *El cambio de valores y respuestas*. Santander: Sal Terrae, 2014].

AUGUSTIN, G. & KIRCHDÖRFER, R. (eds.). *Familie. Auslaufmodell oder Garant unserer Zukunft?* – Für Brun-Hagen Hennerkes. Friburgo, 2014 [trad. esp. de vários capítulos: AUGUSTIN, G. (ed.). *Matrimónio e família*. Prior Velho: Paulinas, 2015].

AUGUSTIN, G. & KOCH, K. (eds.). *Priestertum Christi und priesterlicher Dienst*. Friburgo, 2013 [trad. esp. de vários capítulos: AUGUSTIN, G. (ed.). *Testigos de la fe:* el sacerdocio de Cristo y el ministerio sacerdotal. Santander: Sal Terrae, 2013].

_____. *Liturgie als Mitte des christlichen Lebens*. Friburgo, 2012 [trad. esp. de vários capítulos: *La liturgia como centro de la vida Cristiana*. Santander: Sal Terrae, 2013].

AUGUSTIN, G. & KÖHLER, H. (eds.). *Glaube und Kultur*. Friburgo, 2014.

AUGUSTIN, G. & KRÄMER, K. (eds.). *Mission als Herausforderung* – Impulse zur Neuevangelisierung. Friburgo, 2011 [trad. esp. de vários capítulos: AUGUSTIN, G. (ed.). *El desafio de la nueva evangelización*: impulsos para la revitalización de la fe. Santander: Sal Terrae, 2012].

AUGUSTIN, G.; KRÄMER, K. & SCHULZE, M. (eds.). *Mein Herr und mein Gott: Christus bekennen und verkünden* – Festschrift für Walter Kardinal Kasper zum 80. Geburtstag. Friburgo, 2013 [trad. esp. de vários capítulos: AUGUSTIN, G. (ed.). *Jesús es el Señor*: Cristo en el centro. Santander: Sal Terrae, 2013].

AUGUSTIN, G. & PROFT, I. (eds.). *Ehe und Familie* – Wege zum Gelingen aus katholischer Perspective. Friburgo, 2014 [trad. port. de vários capítulos: AUGUSTIN, G. (ed.). *Matrimónio e família*. Prior Velho: Paulinas, 2015].

AUGUSTIN, G.; SAILER-PFISTER, S. & VELLGUTH, K. (eds.). *Christentum im dialog* – Perspektiven christlicher Identität in einer pluralen Gesellschaft: Für Günter Risse. Friburgo, 2014.

AUGUSTIN, G. & SCHULZE, M. (eds.). *Freude an Gott: Auf dem Weg zu einem lebendigen Glauben* – Festschrift für Kurt Kardinal Koch zum 65. Geburtstag. 2 vols. Friburgo, 2015.

Índice geral

Sumário, 5

1 A alegria do Evangelho – Um convite, 7

2 Sermos missionários da alegria, 15

    2.1 O Evangelho de Jesus Cristo, 15

    2.2 Regozijar-se no Evangelho, 19

    2.3 Igreja "em saída", 24

    2.4 Desafios de uma Igreja missionária, 31

3 Anunciar o Evangelho num contexto secular, 39

    3.1 A caminho de uma sociedade sem religião, 40

    3.2 A relação entre o Estado e a religião, 43

    3.3 A perda da transcendência, 46

    3.4 Coragem para falar de Deus, 51

4 Dar testemunho de Jesus Cristo, 59

    4.1 Ser cristão é seguir Cristo, 59

    4.2 Jesus Cristo: a revelação de Deus, 60

    4.3 Encontrar-se com o Cristo vivo, 66

    4.4 O necessário teocentrismo da Igreja, 69

5 Entender a Igreja de Cristo, 73

   5.1 A caminho de uma reorientação espiritual, 73

   5.2 A Igreja no plano salvífico de Deus, 76

   5.3 Consenso espiritual sobre a Igreja, 81

   5.4 A unidade da Igreja, 83

   5.5 A missão apostólica da Igreja, 88

   5.6 A universalidade da Igreja, 91

   5.7 A vocação à santidade, 94

   5.8 A opção preferencial pelos pobres, 96

   5.9 O objetivo missionário da Igreja, 101

6 Viver hoje a Igreja de Cristo, 105

   6.1 Evangelização para dentro, 106

   6.2 Concentração no essencial: a mensagem, 111

   6.3 A comunidade, fonte de energia, 116

   6.4 Evangelização para fora, 123

   6.5 O caminho dialogal da Igreja, 127

7 "Sou uma missão nesta terra" – Doze passos de uma espiritualidade missionária hoje, 137

   7.1 Cuidarmos da relação pessoal com Deus, 139

   7.2 Assemelharmo-nos a Cristo, 141

   7.3 Estarmos abertos aos dons do Espírito, 142

   7.4 Defendermos convictamente a nossa missão, 142

   7.5 Sermos para os outros companheiros na caminhada da fé, 144

   7.6 Estarmos agradecidos pelo que de bom há na Igreja, 145

   7.7 Encontrarmos um novo estilo de tratamento pessoal, 146

   7.8 Vivermos o espírito de serviço, 147

7.9 Encontrarmos Cristo nos pobres, 151

7.10 Praticarmos o discernimento de espíritos, 152

7.11 Resistirmos às tentações, 154

7.12 Descobrirmos a força da oração de petição, 156

Epílogo, 157

Abreviaturas, 159

    Documentos do Concílio Vaticano II, 159

    Documentos do magistério pontifício, 159

Referências, 161

Índice das citações bíblicas, 165

    Antigo Testamento, 165

    Novo Testamento, 165

Sobre este livro, 169

Publicações do autor, 171

CULTURAL

Administração
Antropologia
Biografias
Comunicação
Dinâmicas e Jogos
Ecologia e Meio Ambiente
Educação e Pedagogia
Filosofia
História
Letras e Literatura
Obras de referência
Política
Psicologia
Saúde e Nutrição
Serviço Social e Trabalho
Sociologia

CATEQUÉTICO PASTORAL

Catequese
 Geral
 Crisma
 Primeira Eucaristia

 Pastoral
  Geral
  Sacramental
  Familiar
  Social
  Ensino Religioso Escolar

TEOLÓGICO ESPIRITUAL

Biografias
Devocionários
Espiritualidade e Mística
Espiritualidade Mariana
Franciscanismo
Autoconhecimento
Liturgia
Obras de referência
Sagrada Escritura e Livros Apócrifos

Teologia
 Bíblica
 Histórica
 Prática
 Sistemática

VOZES NOBILIS

Uma linha editorial especial, com importantes autores, alto valor agregado e qualidade superior.

REVISTAS

Concilium
Estudos Bíblicos
Grande Sinal
REB (Revista Eclesiástica Brasileira)
SEDOC (Serviço de Documentação)

VOZES DE BOLSO

Obras clássicas de Ciências Humanas em formato de bolso.

PRODUTOS SAZONAIS

Folhinha do Sagrado Coração de Jesus
Calendário de mesa do Sagrado Coração de Jesus
Agenda do Sagrado Coração de Jesus
Almanaque Santo Antônio
Agendinha
Diário Vozes
Meditações para o dia a dia
Encontro diário com Deus
Guia Litúrgico

CADASTRE-SE
www.vozes.com.br

EDITORA VOZES LTDA.
Rua Frei Luís, 100 – Centro – Cep 25689-900 – Petrópolis, RJ
Tel.: (24) 2233-9000 – Fax: (24) 2231-4676 – E-mail: vendas@vozes.com.br

UNIDADES NO BRASIL: Belo Horizonte, MG – Brasília, DF – Campinas, SP – Cuiabá, MT
Curitiba, PR – Fortaleza, CE – Goiânia, GO – Juiz de Fora, MG
Manaus, AM – Petrópolis, RJ – Porto Alegre, RS – Recife, PE – Rio de Janeiro, RJ
Salvador, BA – São Paulo, SP